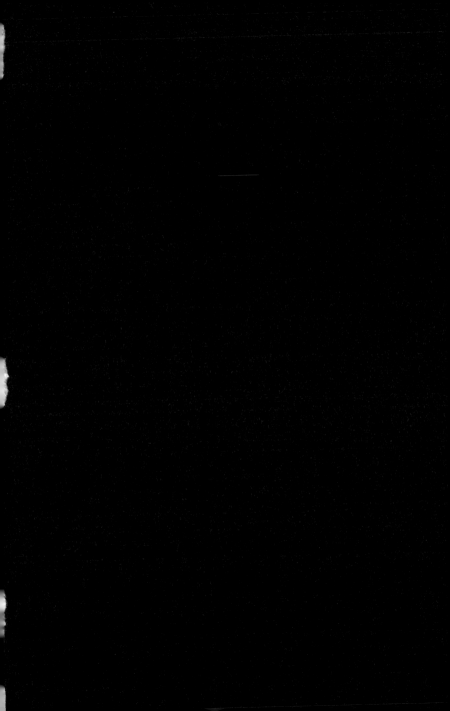

女も男もあこがれる

ハンサム美人な「しぐさ」

How to create an aura of handsome

中井信之 ポージングディレクター
イメージコンサルタント

Discover

Prologue

ふつうの「美人」を超えて「ハンサム美人」へ

いつどのようなときも、たたずまいの美しい、凛とした人。

気取らず自然体で、いい感じに肩の力が入っていない人。

きっちりしているけれど、柔軟性があって親しみやすく「この人に任せておけば大丈夫」と思える人。

すべてにおいて自立していて、誰に対しても媚びない人。

悩みや心配ごとも受けとめてくれそうな気がして、つい相談したくなってしまう人。

あなたの周りに、このような人《ひと》はいませんか？

美しいだけでなく、かっこいい女性……そんな女性を、私は「ハンサム美人」と呼んでいます。

たとえば、ビジネスの会議や打ち合わせで、ハンサム美人がいると、ついその意見に耳を傾けたくなったり、自然と心を開いてしまったりするものです。

大勢の人が集まるバーベキューやホームパーティーなどで、ハンサム美人がいると、あっという間に人気者になり、その人を中心に話題が盛り上がっていきます。

また、ハンサム美人は、駅で電車を待っているときや、誰かと待ち合わせをしているときなど、一人でいるときも、どこか際立ち、存在感があります。

すなわちハンサム美人とは、どのようなシーンにおいても、自然と目が引き寄せられてしまい、「素敵だな」「あんなふうになりたいな」「かっこいいな」という憧れに似た感情を抱かせる存在なのです。

さて、自己紹介が遅れました。私はポージングディレクター、イメージコンサルタントをしている中井信之と申します。

これまで、自身が俳優やモデルをしていた経験から、モデルや女優、タレントを目指す人に、演技や姿勢、美しく見える振る舞い、写真の撮られ方などを教えてきました。

さらに、そのなかで培ったノウハウを元に、企業や学校、個人を対象に、自分を魅力的に魅せるためのコンサルティングもしております。職種や年齢はさまざまですが、現在までに、約７０００人ほどの女性に「美しい人」になるための方法をお伝えしてきたと言えるでしょう。

ここで、ひとつ大切なことをお伝えしたいと思います。

美人であることと、持って生まれた容姿は関係ないということです。もちろん、もともと美形な人、背が高い人、スリムでスタイルのよい人などは、この世にたくさんいますが、人の印象はその持って生まれた「素材」だけで決定づけられるものではありません。

たとえその素材が素晴らしくても、まったく魅力的ではない人は、たくさんいます。

人を惹き付ける人、人の心を動かす人には、どこか「雰囲気」があります。

「かっこいい」「凛とした」「包容力がある」「さわやか」「キリッとしている」「つい相談したくなる」などといった要素、つまりその人の魅力を決定づけるのは、その人の持つ雰囲気です。

そして、この雰囲気とは、微妙な体の動きや角度の違いによる「しぐさ」によってつくりだすことができます。

そのようなことから、私は、この長年の「雰囲気」と「しぐさ」についての研究をもとに、2016年に、美人に見える基本的なしぐさのつくりかたをまとめた前著『美人な「しぐさ」』(小社刊)を出版いたしました。

前著の出版から何年か経ち、時代はものすごいスピードで移り変わるなかで、気がついたことがあります。

いま、インスタグラムなどのSNSをはじめ、テレビドラマやCM、雑誌などで人気を博している女性はすべて、美人であるだけでなく、潔さやかっこよさを兼ね備えているのです。

たとえば日本の女優では、天海祐希さん、真矢みきさん、篠原涼子さん、北川景子さん、吉瀬美智子さん。モデルでは、滝沢眞規子さんや秋本梢さん、萬波ユカさんなどです。

海外では、ケイト・ブランシェットやジジ・ハディッド、キーラ・ナイトレイなどです。

もともとの顔立ちや個性が「かわいい」のが特徴の人でも、見せ方を「かっこいい」「少し男っぽい」方向に寄せている人が多く見られます。また、身につけているファッションも、コンサバ一辺倒ではなく、ほどよい「抜け」があるスタイリングです。

このことから、職場や学校、プライベートなど、どんな場面でも居心地よく過ごすためには、ただ女性らしい「美人」から一歩抜け出し、**「親しみやすく、凛としていて、尊敬と憧れを持たれる美人」**こそ必要とされていると感じ、「ハンサム」というキーワードに行き着いたのでした。

なぜ、ハンサムな女性は人気があるのか

ハンサム美人とは、男っぽい、大げさな態度をとる人ではありません。それでは下品になってしまいます。

そもそもこの「ハンサム」という言葉の意味について説明しましょう。

ハンサムの英語のスペルは、"handsome"です。「手（hand）」と「～しやすい（some）」という二語が語源であり、その原義は「手で扱いやすい」でした。そこから派生し、「美男は女性を手なずけやすい」、つまり男性の「容姿がととのっていて、立派」という意味での形容語として使われるようになりました。

やがてこの言葉は、女性に対しても、「目鼻立ちがキリッとした、凛々しく、立派な人」という形容語として使われるようになりました。

なぜ今、ハンサム美人な女性が注目されているのかといえば、第一に人間関係のストレスの増加、第二に働く女性が増え、働くことがライフスタイルとしてスタンダードになったことからではないでしょうか。

ここで、現代に生きる私たちが、とくに仕事において、人間関係にストレスを感じているということがわかるデータを紹介しましょう。厚生労働省が出した就業後の3年以内の離職の原因は、「労働時間・休日・休暇の条件が合わなかった（22・2％）」の次に、「人間関係が合わなかった（19・6％）」が高い数字になっています。

また、一緒に働きやすい人の意識調査（インターネットによる20～30代男性へのアンケート調査：マクロミルマイナビ）では、次のような結果が出ています。

◆女性が思う一緒に働きやすい女性

＊愛嬌があり、気配りができる
＊仕事を頼んでも、笑顔で、嫌な顔をしない
＊いつも笑顔で話をする
＊かわいいすぎない

＊人の悪口を言わない
＊男性の前でもキャラが変わらない

◆男性が思う一緒に働きやすい女性

＊一生懸命仕事を頑張っている
＊いつも笑顔で明るい
＊スーツが似合う
＊素直で気配りができる
＊女性であることを強調しない
＊相手によって態度を変えない

いかがでしょうか。女性からも、男性からも好かれる像として、自然に浮かびあがってくるのは、**「誰にも媚びず、信頼できて、あたたかみがあるけれど、さっぱりした付き合いができる人」**だということがわかります。

自立して媚びない態度は、男女両方から支持されます。とくに働く女性が、20年前、10年前に比べて格段に増えたことで、同性である女性から嫌われず、「女性からモテる」人になることが、味方の総数を増やし、仕事をスムーズに進めるうえで、不可欠であることがうかがえます。

また、インターネットが普及してからというもの、私たちのコミュニケーションの取り方は一変してしまいました。世代が異なり、共通項が少ない「縦の関係」においては、より距離感がつかみにくくなったといえます。

そのようなことから、プライベートでも、仕事においても、ストレスのない、人とのほどよい距離のとり方が求められています。

“handsome performance”といえば、「洗練された行動」という意味です。

目指すべきは、周りの人と心地よい距離感をつくることができ、自分がどこにいても、誰に対しても変わらないスタンスで、洗練されたコミュニケーションをとることができる「ハンサム美人」なのです。

では、どのようにして、そんなハンサム美人を目指せばいいのかというと、まず、そう見えるしぐさを真似ることからはじめればいいのです。「外見が変われば内面が変わる」とよく言われるように、ハンサム美人に見えるしぐさを身につけられれば、自然とハンサムな雰囲気がつくられ、周りの人の反応が異なってきます。やがて、自身の内面の変化も生じることでしょう。

私自身は男性ですから、ハンサム美人な女性のしぐさを実践できるわけではありません。しかし、あらゆるハンサム美人な女性の「かっこよく見える秘密」について、つぶさに観察と研究をしてまいりました。

本書では、私が独自に導き出したしぐさの法則「ＨＫＫの法則」に従って、次の構成で、ハンサム美人に見えるしぐさについて説いてまいります。

INTORODUCTION どんなときもかっこよく見える　ハンサム美人な「しぐさ」の法則
LESSON1 日常でできる基本のハンサム美人な「しぐさ」
LESSON2 仕事ができるハンサム美人な「しぐさ」
LESSON3 ハンサム美人な「着こなし」
LESSON4 ハンサム美人なモノの魅せ方
BONUS LESSON ハンサム美人は、恋をするときもかっこいい

何よりも大切なのは、「自分はハンサム美人だ」と思い込むことです。

と言うと難しそうに思えるかもしれませんが、「その気になる」のは、もっとも重要です。その気になれなかったら、何をしても楽しくないはずです。

アメリカのＧＥ、Google、ＵＢＳ、ゴールドマンサックス、クレディスイス、モ

トローラなどへのエグゼクティブ・コーチングの第一人者マーシャル・ゴールドスミスが、5万人以上に行ったアンケートによると、仕事がうまくいっている人の80～85％の人が「自分は優れている」という思い込みが強いという結果が出たそうです。

根拠のない自信でも、それは結果になって現れるということです。

同じように、「自分のしぐさをコントロールできている」と考えるのは、すなわちハンサム美人として自信を持つことを手助けしてくれます。

かっこいい、ハンサム美人な自分を、受け入れましょう。

それでは、具体的にハンサム美人の特徴となる動きやしぐさの魅力を分析し、その本質を紐解いていきましょう。

CONTENTS

LESSON 2
仕事ができるハンサム美人な「しぐさ」

LESSON 3

ハンサム美人な「着こなし」

BONUS LESSON

ハンサム美人は、恋をするときもかっこいい

INTRODUCTION

どんなときも
かっこよく見える
ハンサム美人な
「しぐさ」の法則

HKKの法則で「かっこいい」をつくりだす

体をヒネル・カサネル・カタムケル

まず最初に、ハンサム美人な雰囲気を、誰でもつくりだせる秘密の法則をお伝えしましょう。それが、体の動きを3つの線でとらえる「HKKの法則」です。

このHKKの法則とは、Hが「ヒネル」、Kが「カサネル」「カタムケル」の略で、**人が必ず美しく見える「角度」や「線」を、私が長年モデルさんや女優さんを指導してきた経験によって導き出したルールです。**

この法則の原点となったのは、古代ギリシャの均衡美の考えです。美人に見える姿勢や動きは、古代ギリシャ時代から研究されており、理想的なプロポーションには「健全で崇高な魂が宿る」と信じられていました。そのため、この時代の彫像物は今でも不変的な美しさを保ち、HKKの法則が随所に見られます。

たとえば次のヴィーナス像には3つの「線」が理想的に組み合わさっています。黄金比ともいえるバランスなので、まさしくゴールデンポージングです。

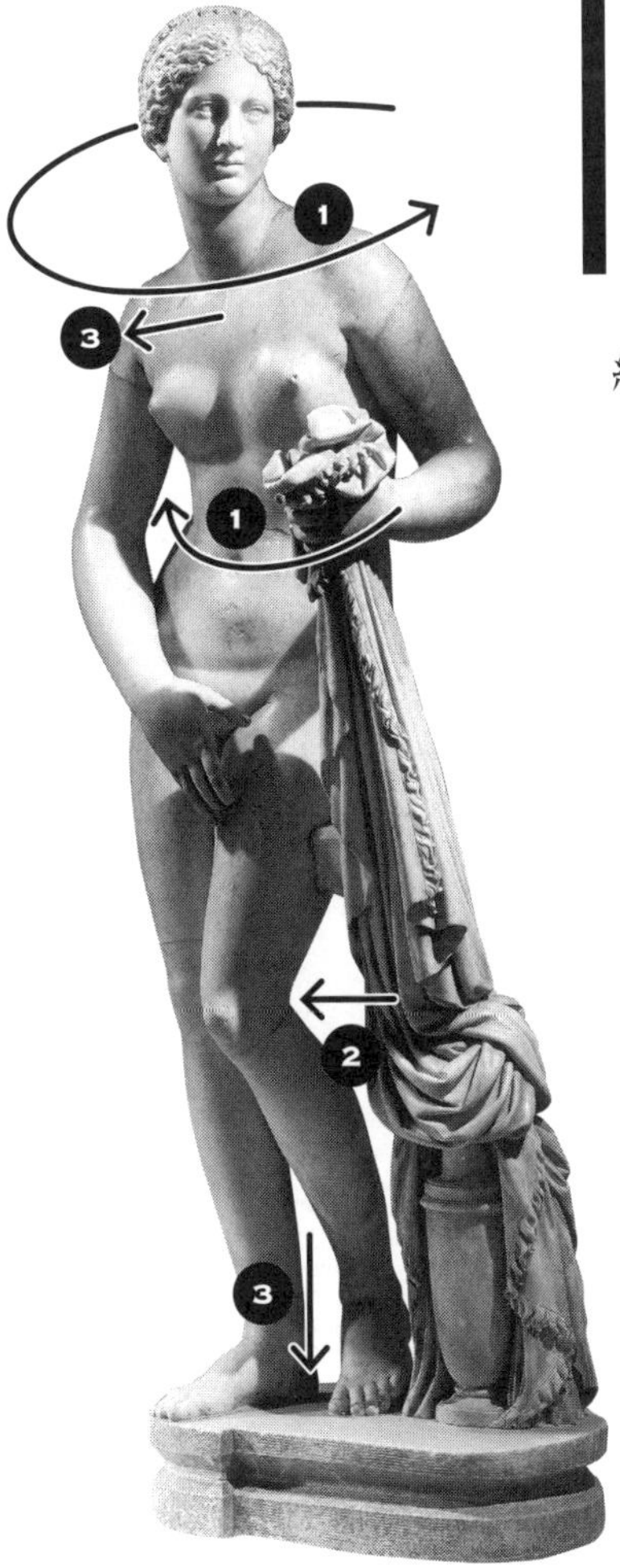

ゴールデン ポージング

「HKKの法則」が
組み合わさった理想像

1

首と腰を反対方向に
ヒネル＝H

2

もう片方の脚を
重心がかかっているほうの
脚に**カサネル＝K**

3

重心を片方の脚にかけ、
カタムケル＝K

古代ギリシャ時代に
成立した美意識

3つの線がハンサム美人なメッセージをつくる

本書では、無意識に体を動かすのではなく、このHKKの法則をもとに体を動かすことを意識していきます。

いつもかっこよく、それでいて美しい雰囲気のある人は、体のどこかを、必ずこの法則に従って動かしているものです。

ポイントは、自分の体に「線」があるとイメージすることです。

体が動くときには、自然と目に見えない線が生じます。

私たちは、何気なく過ごす日常のなかで、あらゆる線を見て暮らしており、その線自体にさまざまな感情が宿っているように解釈しています。

たとえば、まるいお月様を見て、守られているような包容力や平和的なイメージを感じたり、先端が鋭くとがったピラミッドに、畏敬の念を感じたりします。

古くから言われていることですが、このように私たちは、図形をつくっている曲線には「やさしさ」を、直線には「鋭さ」を感じているのです。

体の線について考えるときも、同様です。

自信ありげに背中がまっすぐに伸びている女性の背中と、自分を守るように背中をまるめ、腕を抱えている女性とでは、見る人に与える印象は全く異なります。

つまり、体の線を意識することで、自分の印象を自由自在にコントロールし、美しく、かっこいいハンサム美人な雰囲気をまとうことができるのです。

そのハンサム美人な雰囲気をつくるための線は、次の3つです。

①【ヒネル】柔軟性が生まれるクイッとした曲線
②【カサネル】重なり、まとまった複雑な線
③【カタムケル】まっすぐではなく、横や斜めに傾いた線

これらがハンサム美人をつくる線の基本です。
この3つの線を意識すれば、自然とハンサム美人になっていきます。
では、具体的に見ていきましょう。

ハンサム美人な「しぐさ」をつくるHKKの法則

カタムケル（K）

線を斜めに「カタムケル」と
スパッとを鋭くなる

頭や上半身、あるいは全身ごと、
ある方向に向かってまっすぐ倒す

◆イメージ／シャープ・スマート・クール・傾倒・不安定・スタイリッシュ・ソフト

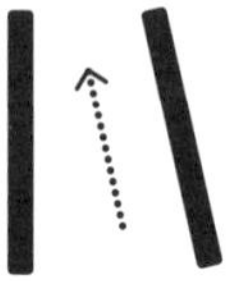

ヒネル(H)

キュッと「ヒネル」ことで柔軟性
が生まれ、しなやかになる

上半身や頭をある方向に向けて曲げる

◆ イメージ／アクティブ・若々しい・やわらかい・エネルギッシュ・スピード感・挑発的・ダイナミック・ミステリアス

カサネル(K)

ピタッと「カサネル」と、
線が重層になって
際立ち、はっきりする

腕や脚を組む、腕と胴体をつける、手を顔につける

◆ イメージ／力強い・丁寧・安心感・上品・隠す・信頼できる・思慮深い・ゴージャス・格調高い

あのモデルも、あの女優も、ハンサム美人な「しぐさ」

実際、ハンサム美人なしぐさは、ファッション誌でも、よく見られます。

次は、あるファッション誌のカバーモデルのしぐさを、絵にしたものです。

このしぐさからは「気さくで自然体」「仕事をまかせられる、リーダーシップのありそうな人」などという雰囲気を感じ取ることができます。その雰囲気は、一つひとつの線の動きのメッセージが合わさることにより、つくりだされています。

では解剖してみましょう。

前に重心をカタムケルことにより、積極的にかかわる態度を表明しています。

膝で組んだ脚の上に、腕をクロスしてカサネ、手首がなだらかな線を描き、たれていることにより、心が穏やかな状態で、上品な様子に見えます。

上体はゆるく斜め上に向かってヒネられていることにより、明るくしなやかで親しみやすさが感じられます。

こんなふうに、動きを細かく分析して見ていくと、ハンサム美人に見える要素がわかります。

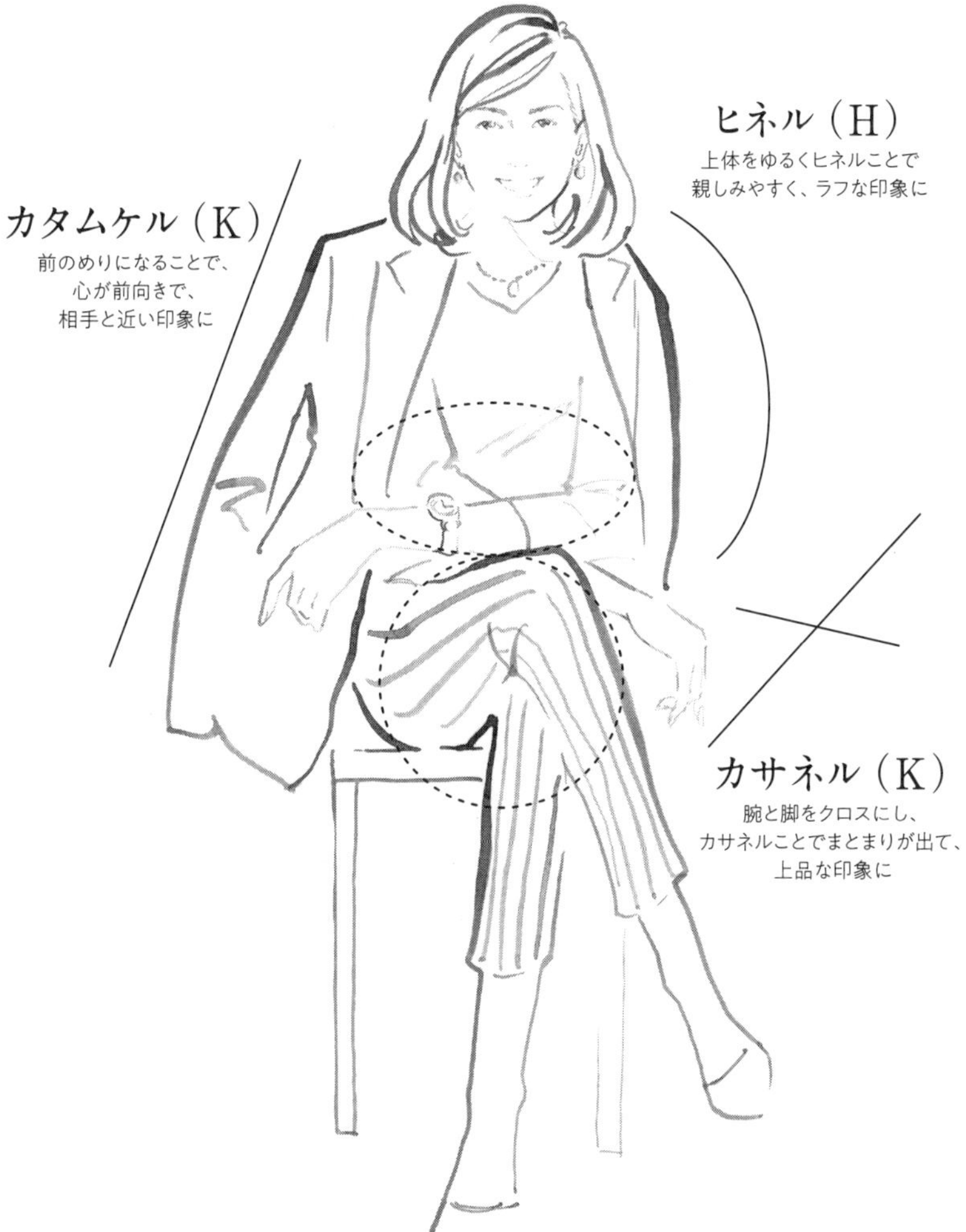
カタムケル（K）
前のめりになることで、
心が前向きで、
相手と近い印象に
ヒネル（H）
上体をゆるくヒネルことで
親しみやすく、ラフな印象に
カサネル（K）
腕と脚をクロスにし、
カサネルことでまとまりが出て、
上品な印象に

男っぽい服だからかっこいいわけではありません

たとえば、前ページの女性は、襟の大きなジャケットを肩にひっかけていて、マニッシュ（男らしい）だからハンサムに見えるのでしょうか。

たしかに、パッと見ではそれがハンサムに見える美人な理由に感じるかもしれません。

けれども、ハンサムに見せるには、メンズテイストを取り入れたらよいと考えるのは危険です。男性がスカートをはいただけで、女性らしさを表すことはできないですよね。

服の力だけでは、ハンサム美人に見えることはありません。

体の動きと服が対になって、人の雰囲気はつくられているからです。

ＨＫＫの法則にもとづく「しぐさ」を重ね合わせたうえで、さらに服の持つ力を借りれば、ハンサム美人な雰囲気をつくりあげることができるでしょう。

ハンサム美人な服の着こなし方については、Lesson4でお伝えします。

3つの線の動きが極端すぎると、ハンサム美人に見えない

ハンサム美人に見せようとしてハンサムでなくなってしまうことがあります。それは、HKKの法則の動きをやりすぎる場合です。体の動きが、次のように極端になると、醸し出す雰囲気は、美しさやかっこよさからは逸脱して「気取り」や「下品」になってしまうので、気をつけましょう。

①**ヒネリすぎる**　体をクネクネヒネリすぎることで、自分のかわいらしさをアピールして媚びを売っているように見えます。

②**カサネすぎる**　腕や足などの体の部位をカサネすぎることで、相手を受け入れず、何か心配ごとや隠しごとがありそうで、一緒に何か（仕事）しても打ち解けられない印象を与えます。

③**カタムケすぎる**　過度に力が入り、体のいろいろな部位をカタムケすぎると、気取っている印象になります。

HKKの法則の
やり過ぎは禁物

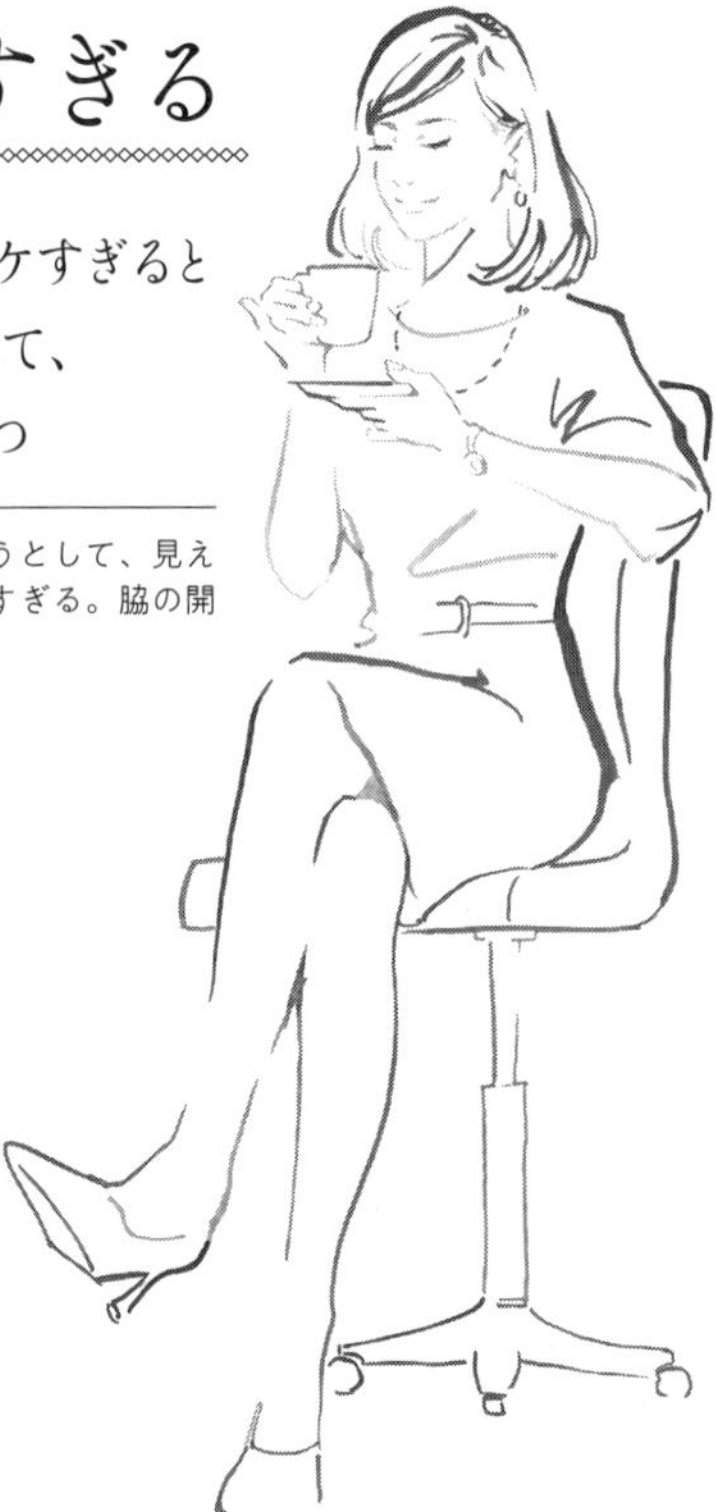

カタムケすぎる

重心をどこかにカタムケすぎると
バランスが崩れて、
そこだけ目立つ

過度にしぐさをきれいに見せようとして、見えるところに力を入れてカタムケすぎる。脇の開きや指先、足先に注意。

カサネすぎる

身体の部位をカサネすぎると、
動きが堅くなり、こだわりが
多くゆとりのない印象に

正確で律儀な人であるように見せようとして、体のいろいろな箇所をカサネすぎると、自己愛で守る態勢をとっているように見える。動き自体も小さくなり、垢ぬけない。

ヒネリすぎる

必要以上に、体や指先、手首をクネクネ、ヒラヒラヒネリすぎると、相手に媚びている印象に

一所懸命自分を励まし、頑張ろうとしているときは、とくに要注意。体や指先、手首がヒネられすぎることで、自立せず、相手に甘えている、あるいは計算高い、いやらしい人に見えてしまう。

本書で登場する体の名称

本書では、腕と手、脚と足を使い分けて説明します。

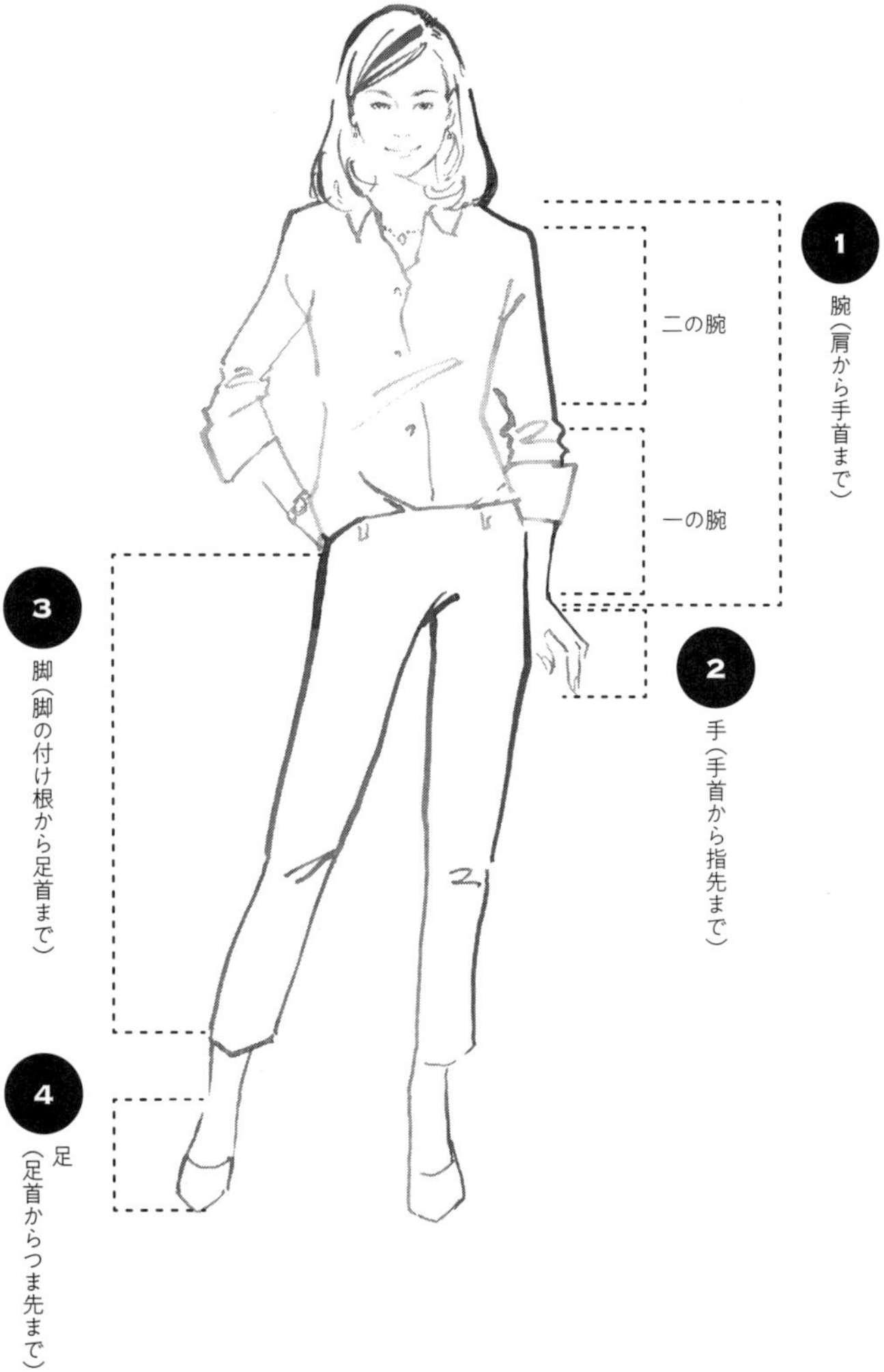

LESSON 1

日常でできる
基本の
ハンサム美人な
「しぐさ」

何気ないときもＨＫＫの法則で体を動かす

ハンサム美人は、いつでも、どこでもかっこいい

このレッスンでは、日常のなかでかっこよくて美しい人、つまりハンサム美人に見られるしぐさのコツをお伝えしていきます。

一人で時間を過ごすときも、ビジネスシーンでも、友人や恋人とおしゃべりしているときも、共通して使える、いわばハンサム美人なしぐさ「基本編」です。

とくに、誰かと直接かかわるときだけでなく、何気ないときに、自然体で、ハンサム美人としての雰囲気をまとうことができれば、とても素敵です。

たとえば、あなたが急いで通りを歩いているとします。

たった今、親しい知り合いが通り過ぎたことに気がつきました。アッと思って振り返り、相手に声をかけるとき……次のように、体を相手のほうにヒネリ、全身は後ろ斜めにカタムケ、少し髪に手をカサネルしぐさをとってみてください。

ふとしたときの「ハンサム美人なしぐさ」

アクティブで活き活きした雰囲気が、誰に見せるともなく出ていれば、ハンサム美人に見えることは間違いありません。

このレッスンでは、体のどの部位を強調したり、意識したりすればよいのか、しっかり見ていきましょう。

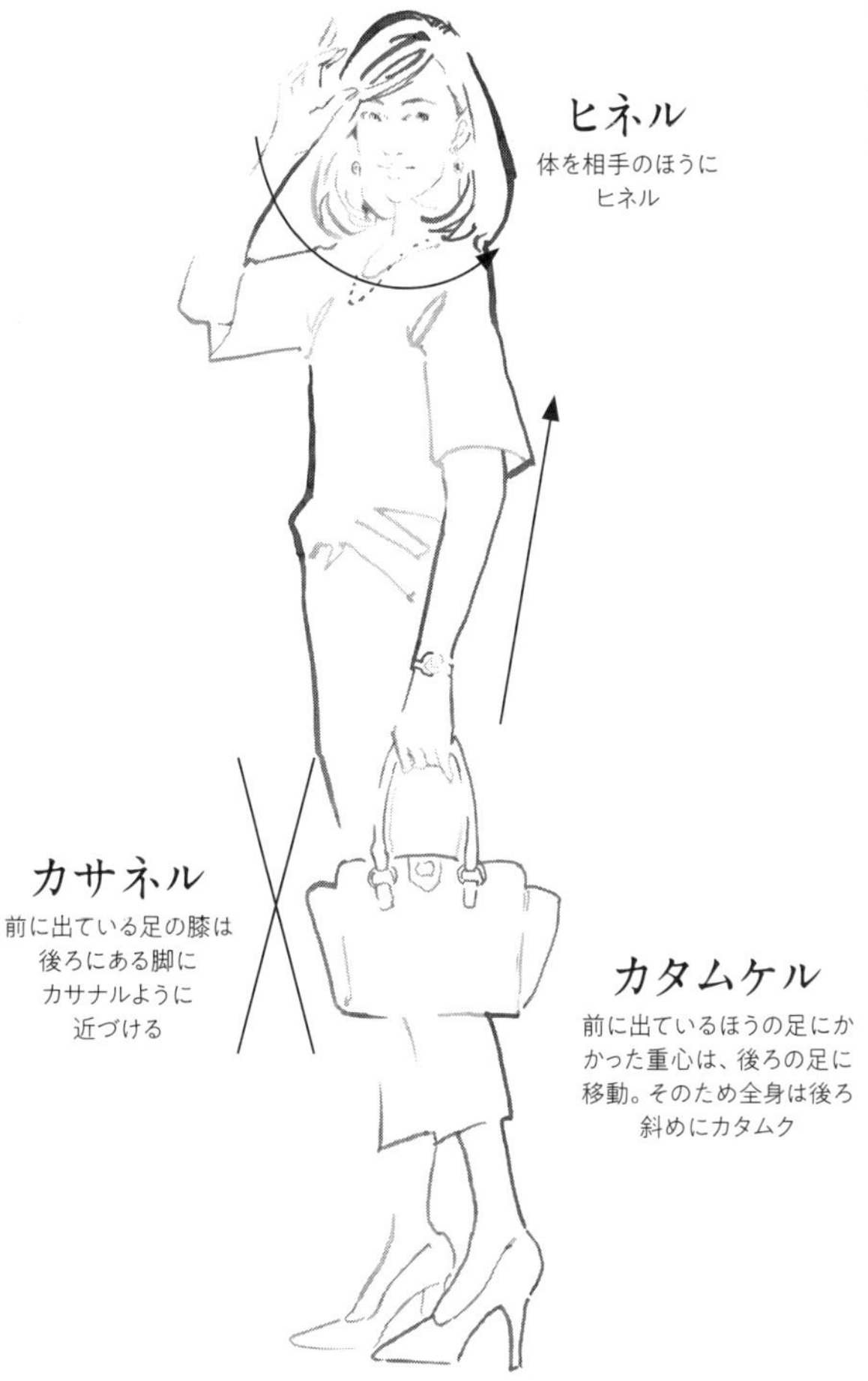
ヒネル
体を相手のほうに
ヒネル
カサネル
前に出ている足の膝は
後ろにある脚に
カサナルように
近づける
カタムケル
前に出ているほうの足にか
かった重心は、後ろの足に
移動。そのため全身は後ろ
斜めにカタムク

Handsome Rule 1

頼りになるハンサム美人は、明るく腕まくりをする

肘から手首までの美しさを活かす「ウラ見せ」

腕まくりをするときに、「一の腕（肘から手首までの部分）」の内側を見せるように肘をヒネルと、男らしく、頼りになるかっこよさと、女性らしいエレガントさがミックスされて、ハンサム美人に見えます。

仕事で同僚や後輩と話しているときに、このしぐさを自然にすれば、「さぁ、もう少し頑張ろう！」「気合が入ってきた」というアピールになります。また、プレゼンするときにこのしぐさをすれば、「ここからが重要」というサインにもなるでしょう。プライベートでは、たとえばバーベキューやピクニックのような野外活動のときに、このしぐさをすると、メリハリの利いた人に見えます。

一の腕の外側を見せながら、腕まくりをする人も多くいますが、それは、男性的で、がさつな印象になってしまうため、注意しましょう。腕の外側を向けたまま腕まくりをすると、男性がけんかに挑もうとしている、あるいは引越し作業でも始めるか

のような風情が出てしまいます。

肘から手首までの一の腕の「内側」を見せながら、ワキをしめる

エドガー・ドガ『浴槽からでる女』（ルーブル美術館）

一の腕は、片方の手を軽くカサネルだけでも、落ち着いていて、美しい雰囲気が出る部位なのですが、一の腕の裏側を見せることで、さらに「美しさのインパクト」を出すことができます。

腕の内側はたいてい外側より白く、美しいものです。

エドガー・ドガの『浴槽からでる女』という絵画では、体を洗う女性の、回旋した腕の白さ、美しさが何より目立つように構成されています。

狙ったセクシーさではなく、誰もが持っている美しい部分を見せる動きを、いつものしぐさに組み込みましょう。

手首と骨の筋がのびていることを意識して、指し示す

何かを指し示すときも、「ウラ見せ」しぐさを

何かを説明するときにも一の腕の内側を見せることで、キリッとかっこよく、それでいてエレガントに注意を引きつけることができます。

ホワイトボードに、ペンを使って書く作業は単調になりがちですが、図や文字を指し示すときに、一の腕の内側を見せるしぐさを入れると、説明にリズムが付きます。

この動きは、ドアノブをヒネルのと同じ筋肉の使い方をします。小さな動きに見えますが、実にシャープな印象を、見る人に与えます。

というのも、手首だけ回っているよ

うに見えて、腕の親指の付け根から肘までつながる骨（とう骨）と、小指の付け根から肘までつながる骨（尺骨）の2本の骨をヒネっているので、動きを切り替えた瞬間、シャープな雰囲気になるのです。卓球のバックハンドで行うサーブをイメージしてください。

また、このしぐさをすることで、顔を正面に向けたままであっても話しやすくなり、聞き手を観察することもできます。何かを指し示して説明するときに、背中を見せながら話してしまうと、冷たい印象になります。

日本人は、「ウラ」の美しさを知っている

しぐさのお話から少しはなれますが、ここで、一の腕の内側を見せる理由について語っておかなければなりません。

かつてヒッピーがトレンドだった70年代、アメリカでトレーナー（sweatshirt）を裏返しに着るのが流行りました。これは反戦や反しきたりのメッセージでしたが、あっという間に廃れました。それは、単に服を裏返しに着ているだけで、それに面白味を感じる背景や民族性がなかったからです。

一方、日本人は、ほかの国と比較しても稀なくらい「裏」の概念が好きです。民

俗学者は、その根底は米を主食とし、「裏作〈表作〈夏作〉の後に植える作物が裏作〈冬作〉〉」という農業形態にあるといいます。

住まいのあり方も、外の土足は「不浄」、内のはだしは「清浄」と区別しました。

人間関係では内側の「身内」こそ、ほっとできる場所です。

また、和装である着物の裏の生地を工夫したり、現在でも、シャツの襟の裏の柄を変えてデザインしたりします。いわば、「チラ見せ」が好きです。

茶道では、出された茶碗をわざわざひねり、相手に正面を向け、自分は裏側で飲むのが謙虚さを表す美徳とされています。

「裏切る」という言葉の意味は、「表に出ない裏の深い関係を断ち切るから、罪が重い」という意図を含んでいました。

「裏をとる」といえば、真意を確かめる意味として使われます。

このような背景から、少なくとも日本において、ふだん使っていない腕の内側の美しさを使いこなすしぐさは、有効だといえそうです。

優美なハンサム美人を目指すために、日常でぜひ取り入れてみてください。

Handsome Rule 2

インテリジェンスのあるハンサム美人は、アゴで考える

アゴに手をカサネて知性を演出する

一人で何かを考えるときや、人の話を真剣に聴くとき、自分の意見を述べるときなどに、**アゴの下に手をカサネて置くとハンサム美人に見えます。**

アゴとは別名「下顎骨《かがくこつ》」といいます。さわってみるとわかる通り、耳の下までつながっている大きな骨で、この位置や見え方の角度によって、顔全体の表情をつくっているということを、覚えておきましょう。

さて、このしぐさのつくりかたは、カンタンです。次のページの絵のように、手を軽く握り、人差し指を少しのばして、アゴの下に置きます。

人差し指をのばさないで、手をげんこつにしたまま置くと、よりキリッと引き締まった印象になります。親密な雰囲気を出したいのなら、手の内側を見せるようにします。

ちなみに、このしぐさが重々しくなってしまう例として、有名なロダンの彫刻『考

える人』が挙げられます。この彫像は、手首を自分のほうに鋭角に折り曲げ、深くうつむいているので、世の中の全苦悩を引き受けんばかりです。

アゴに手を軽くカサネル

ロダン『考える人』(ロダン美術館)

アゴをなでたり、つまんだりすると、
ひげの剃り具合を確かめているように見える

アゴをなでたり、親指と人差し指でつまんだりしてもいけません。ひげそり跡を確認しているようで、重々しく、男性らしい雰囲気になってしまうので、注意しましょう。

ハンサム美人は、あくまで軽く、アゴに手を添えるだけにしましょう。

また、待ち合わせや、会社の休憩スペースでショートブレイクするときなどに、立っている状態で、このアゴに手をカサネて置くしぐさをすると、仕事ができて、たよりになる姉御肌の人のような雰囲気が出ます。

そもそも、アゴに手をカサネルのは、アゴを手で支えるのが目的です。

アゴに手を置き、重い頭をしっかり

と固定させることで、見る人に「真剣に考えたい」という意図を伝えることができます。

この「真剣さ」こそ、ハンサム美人に見える秘訣です。

また、さっぱりしたハンサム美人を目指すなら、考えごとをするのに、頬杖はしないほうがよいでしょう。幼くかわいらしい雰囲気になってしまいます。頬は「頬を染める（＝羞恥心を感じる）」というように、少年、少女を象徴しているからです。

立っているときはアゴに手を置き、
足もカサネルとかっこいい

マーガレット・サッチャーは、
ときに男らしく、女らしく、
アゴの下に手をカサネテいた

信念が感じられる強さは、人の心をつかむ

プロフィール写真で強いイメージをつくるときにも、アゴの下に手を添えるしぐさをよくします。ごつごつした手が写ることで力強さが出て、手の甲の肌色が顔とつながることで、顔が細長く、知的に見えるからです。

自身のポートレートに、このポーズを多用したのは、イギリス初の女性首相になり、「鉄の女」と呼ばれたマーガレット・サッチャーです。彼女は国営事業の民営化や、金融部門の規制緩和など、大きな功績がありますが、「実力のある女性」というイメージを演出する方法として、よくこのしぐさをとっていました。

鬼編集長ミランダは、
アゴに手をカサネテ
考えを巡らせている

実力のある女性像としてもう一人挙げられるのが、映画『プラダを着た悪魔』（デヴィッド・フランケル、2006年、米国）で登場する、ファッション誌『ランウェイ』の鬼編集長ミランダ・プリーストリーを演じるメリル・ストリープです。この役柄は、ファッション誌『ヴォーグ』（米）の名編集長アナ・ウィンターをモデルにしていることで有名です。

映画の中で、ミランダはニュースを読むときも、意見を言うときも、少しアンニュイな雰囲気を漂わせながら、アゴに手をカサネテ何かを確かめるようにしています。

この映画の主役であるアン・ハサウェ

イ演じる新人編集者から見ると、ミランダは恐ろしい存在でしかありませんが、そのミランダを客観的に眺めてみれば、実力の世界で地位を手に入れたがゆえに、孤独との闘いがあることもうかがえます。このしぐさは、まるでそれを示唆しているようです。

マーガレット・サッチャーや映画のミランダ編集長のように、強い女性を目指しましょう、とおすすめしているわけではありません。

ただ、人は、「あきらめない」「信念」「自分は自分」といった一本筋が通った人に出会うと、心を揺さぶられます。

そして、実はこのしぐさは、見る人の気を引くしぐさでもあります。

アゴに手をカサネルこのしぐさは、少し近寄りがたい雰囲気だけでなく、誰しもが惹かれ、話しかけてみたくなるようなミステリアスな空気をもつくりだします。

「この人が、どんなことを考えている人なのか知りたい」……その気持ちは、知らぬ間にあこがれという感情に変わっていくのです。

Handsome Rule 3

つねに腕は「90度アーム」

ゆとりあるハンサム美人は、腕で安心感を演出する

肘の角度をつねに90度にキリッと保てていると、威厳と品格のあるハンサム美人に見えます。

「90度」は、英訳すると"right angle"になります。"right"は、「ちょうど」や「正しい」という意味も含みます。

これは、あえて腕をカタムケないという「90度アーム」というしぐさです。

垂直な線が90度に交差すると、四角形の角を想起させ、カチッとしたイメージになります。

面接などで座るときは膝も90度に曲げ、机があれば腕をテーブルの上に出し、肘を90度にします。

また、商談や交渉時に威厳を保ちたいときも、肘の角度を90度に意識すると、角が明確になることで曖昧さがなくなり、すっきりとしたハンサム美人に見られるのです。

肘の角度が90度になっていると、ゆとりと信頼性が生まれる

肘の角度が小さくなると、せせこましく、小さな人に見える

90度アームのしぐさは、エスカレーターに乗り、手すりに手を置くときも意識してみてください。

手すりに置く手は、つい前に出してしまいがちですが、**肘を90度に折り、体に近いところに置くだけで、秩序立ち統制が取れていて、心が穏やかな人という雰囲気が出ます。**つまり、品のあるハンサム美人に見えます。

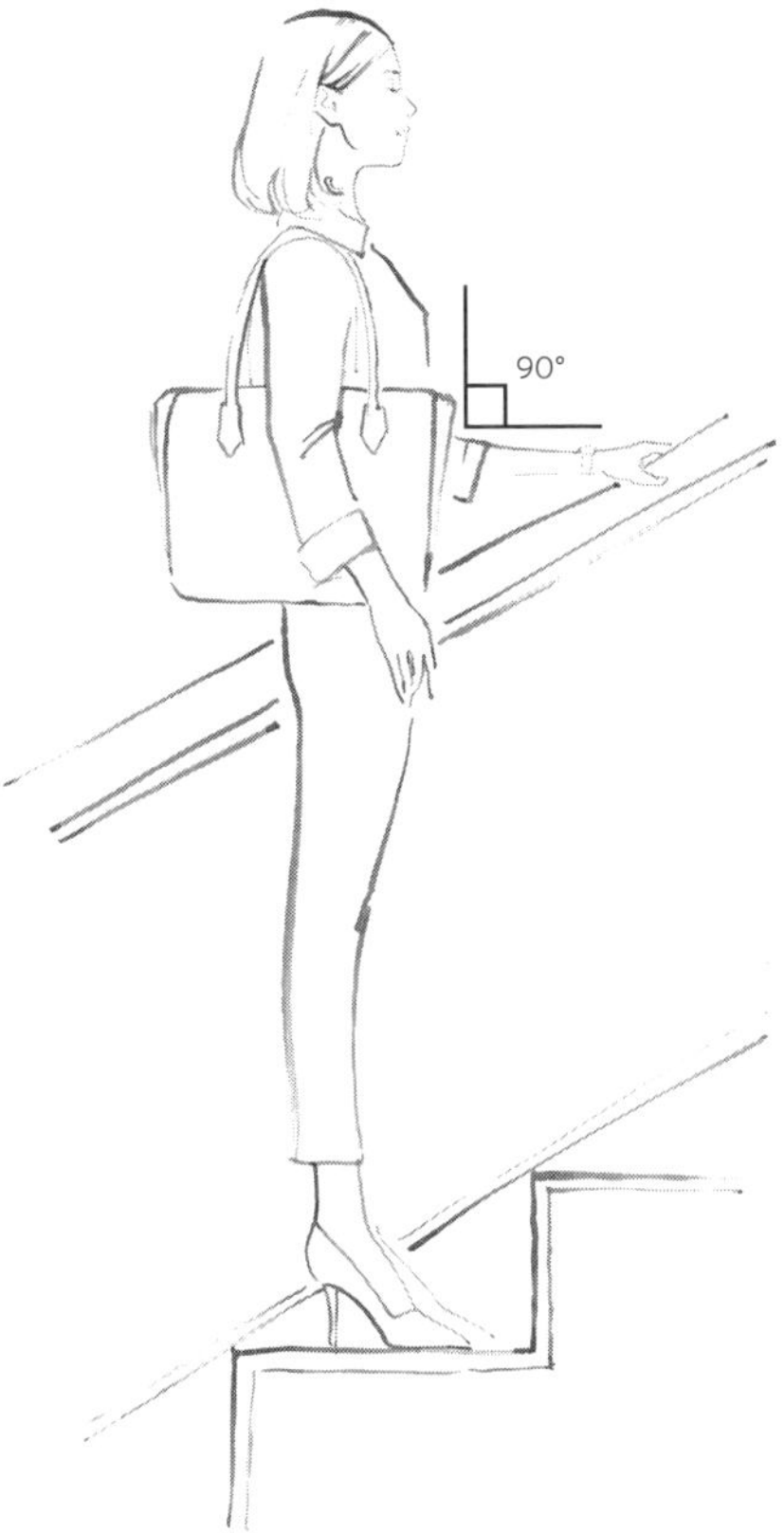

どこかがきっちりしていると、ハンサムな雰囲気が出て、洋服のしわさえもかっこいい

ダーツを投げる直前の腕の角度は90度

このしぐさがハンサム美人に見える秘訣について、お伝えしておきましょう。

90度というスペースをとることは、見た目がかっこいいだけではありません。動きが安定し、自分にとっても、動作の目安になります。

肘関節は、曲げ伸ばし（屈曲・伸展）や回すなど自在に動かせるため、動きの支点とスタート位置を決めることはとても重要です。そのため、90度アームのしぐさは、ハンサムに見えるだけでなく、動きをぶれないようにするためのプレパレーション（準備）になっているのです。

たとえば、ダーツを投げるとき、その直前に、肘を直角にするのをイメージするとよいでしょう。

花嫁がブーケを持つときも、（花の形によって変わりますが）肘の角度が90度だと、キリッとしてエレガントに見えます。肘の角度が鈍角に広がっていると、だらしなく、逆に鋭角になりすぎると、子どもっぽく見えてしまいます。

私たちは、日常では、肘の角度に無頓着ですが、タクシーを停めるために手をあげるとき、駅の改札ゲートでスマホやカードをタッチするときなど、ふとしたしぐさで印象に違いが出ますから、90度アームを試してみましょう。

威厳がありエレガントに見える

なんとなくだらしなく見えて、しまらない

Handsome Rule 4

ハンサム美人は、媚びずに、髪をかきあげる

手を額で一瞬とめて、「リラックス・ヘア・アップ」

髪をかきあげるときに、一瞬、額の位置で動きをとめると、内省的なかげりが出て、ハンサム美人に見えます。

髪をつかみ、上にグッとかきあげ、一瞬、額を見せて、ストップ。

前髪が短くて、横に流している方も、やり方は同様です。

このしぐさが、なぜハンサムかといえば、無造作に見せながらも、実は意識的に自分をコントロールしているからです。

額とは、自己を制御する働きをする、脳の「前頭前野」がある場所にあたります（神経学者・アントニオ・ダマシオ）。また成人した男子やビジネスマンは、額を出す髪型が一般的です。額を見せるのは、「うそがなく、正直である」という言外のメッセージになります。

そのようなことから、髪をかきあげる動きを、一瞬額で静止させることで、自分

自身を統制しようという自立心を、見る人に感じさせることができるのです。

一方で、やってはいけない髪のかきあげ方があります。両手で挑発するようにかきあげたり、耳の上から、逆方向に流したりするしぐさです。

こういったしぐさは、セクシャルなイメージが強くなるため、ハンサム美人ではありません。**ハンサム美人にとって、「さりげなさ」は最も重要です。**

髪をつかみ、上にかきあげ、
一瞬おでこを見せて、
生え際に手をカサネ、ストップ

自然に逆らう動きを取り入れると、ハンサム美人に見える

髪をかっこよくかきあげるというしぐさの目的は、リラックスしている雰囲気を演出することです。

本当に髪が乱れて、目に入ってしまい、払いのけたいから手ぐしを入れるというわけではありません。そもそも、本当にじゃまならば、まとめたり、整髪料をつけることで、問題は解決します。

日常で髪が乱れたときに、ご自身が髪を直す動きを思い出してみてください。その場合、横に髪を流して直すことが多いのではないでしょうか。横に流す動きが、流れるようにスムーズなのに対し、今回紹介するハンサム美人な髪のかきあげ方は、上にかきあげる動きをします。つまり、自然と反対の動きをしています。

だからこそ、少し反抗的で若々しく、人間味があるように見えるのです。

エレガントだけど、少し反抗的で露悪的。女性らしいけれど、ときに男っぽくてたよりになる……そんな相反する雰囲気こそ、まさしくハンサム美人です。

髪は、自立して生きるハンサム美人のアイコン

最後に、女性の髪型の歴史をひもといてみましょう。髪は女性そのものとも言われますが、そもそも日本女性の髪は、「自分らしさ」より「年齢と身分」を示すものでした。

洋装になる以前、日本髪の魅力は、いかに「後ろ側」を魅力的に見せるかでした。公家の宮中の絵などからも、まとめて後ろに垂らす髪型（垂髪・すべらかし）が正式で、自分の身長より長いこともありました。

その後、江戸時代の後期から、今度は、うなじを見せたり、髪を横にひろげたりして、いかに色気をつくるかという価値観に変化しました。そして、額は出すことが当然、髪はまとめるのが当たり前で、髪を結わない女性は「はしたない」と言われました。

誰でも好きな髪型にできるようになったのは、女性が働く権利を少しずつ得始めた大正時代以降のこと。

髪を自らの意志で、自由自在に変えることができるのは、それこそ「主張の自由化」と言えるのではないでしょうか。

髪型も生き方でさえも自由に楽しめる時代になったからこそ、髪にまつわるしぐさは目につきやすいと言えます。

自分では、何気なく、無意識に髪をさわっているつもりでも、実はその様子は、さまざまな人の視線を集めているものです。

私たちは、緊張していて、慣れていないことを悟られないようにしたいと思ったり、ふいに動揺したりすると、ふだんの癖が頻繁に出ます。

たとえば、ちまちまと髪の毛先をいじってしまったり、わけもなくなでつけてしまったりします。私もよく教え子にアドバイスするのですが、このようなしぐさは、残念ながら依存心が高く、自立心がないように見えてしまいます。また美しさという観点からも、おすすめできません。

けれども、ハンサム美人なしぐさを繰り返すことで自分のものになっていれば、たとえ心がどのような状態であろうと、自然とハンサム美人なしぐさが出てしまうはず。

そのようになってしまえば、しめたものです。いつでも、どんなときも、ハンサム美人でいられるでしょう。

Handsome Rule 5

ハンサム美人は、つねに頭を上げて、凛としている

頭の位置を正しく保つ「ヘッドアップ・ポジション」

頭を上げてから、少し横にカタムケルと、キリッとしているけれど、親しみやすいハンサム美人に見えます。

このハンサム美人なしぐさを、私は「ヘッドアップ・ポジション」と名づけました。

「ヘッドアップ」とは、「組織を率いる」という意味です。頭は「先頭」という言葉があるように、ことの始まりをイメージさせます。頭の角度が下がっていれば、うなだれているように見え、上向きならば、前向きな人に見えます。

そもそも、通常、私たちの頭は前傾になりがちです。

とくに、パソコンやスマホを日常的によく使う習慣のある人は、真剣になるあまり、そのものを近くで見ようとするので、実は無意識に頭が前方向に出る癖があり

ます。座って仕事をしている分にはあまり気にならないのですが、立ったときには目立ちます。

前傾姿勢で人と話していると、いつのまにか上目遣いのような目線になっていることがあります。そうなると、懇願している、無理なことを頼もうとしている、あるいは様子をうかがっているような印象を、相手に与える可能性があります。さらには、自分に自信がなく、自己肯定感の低い卑屈な人にも見えるのです。

そこで、頭を上げるわけですが、今度は、上げすぎると、「高飛車で、偉そうにしている人」というイメージを周りの人に持たれかねません。

そのようなことから、**頭は上がっているけれど、すこし横にカタムいているぐらいが、ちょうどよいハンサム美人な頭の位置になります。**

つまり、「かっこいいけれど、近寄りがたい」という人になることを防ぎ、親しみやすさ、相手をリラックスさせる柔軟性を演出するわけです。

頭を上げるときの正しい位置は、ふだんの頭の位置からだいたい約10～15度くらい起こすとちょうどよいと考えてください。高低の正しい位置は、耳の下と、鼻翼《びよく》を線で結び、それが床と平行になるところです。また、前後の正しい位置は、耳の穴が肩の真ん中の延長上にあります。この「正しい頭の位置」を、覚えておきましょう。

正しい頭の位置をとったら、こんどは真横に5度くらい、ほんの少しだけカタムケて印象をソフトにします。

前述のように、ふだんの前傾姿勢のまま、頭を横に倒すと、猫背になり、元気がなく、うなだれて、子どもがおねだりをしているような印象になってしまうので、注意しましょう。

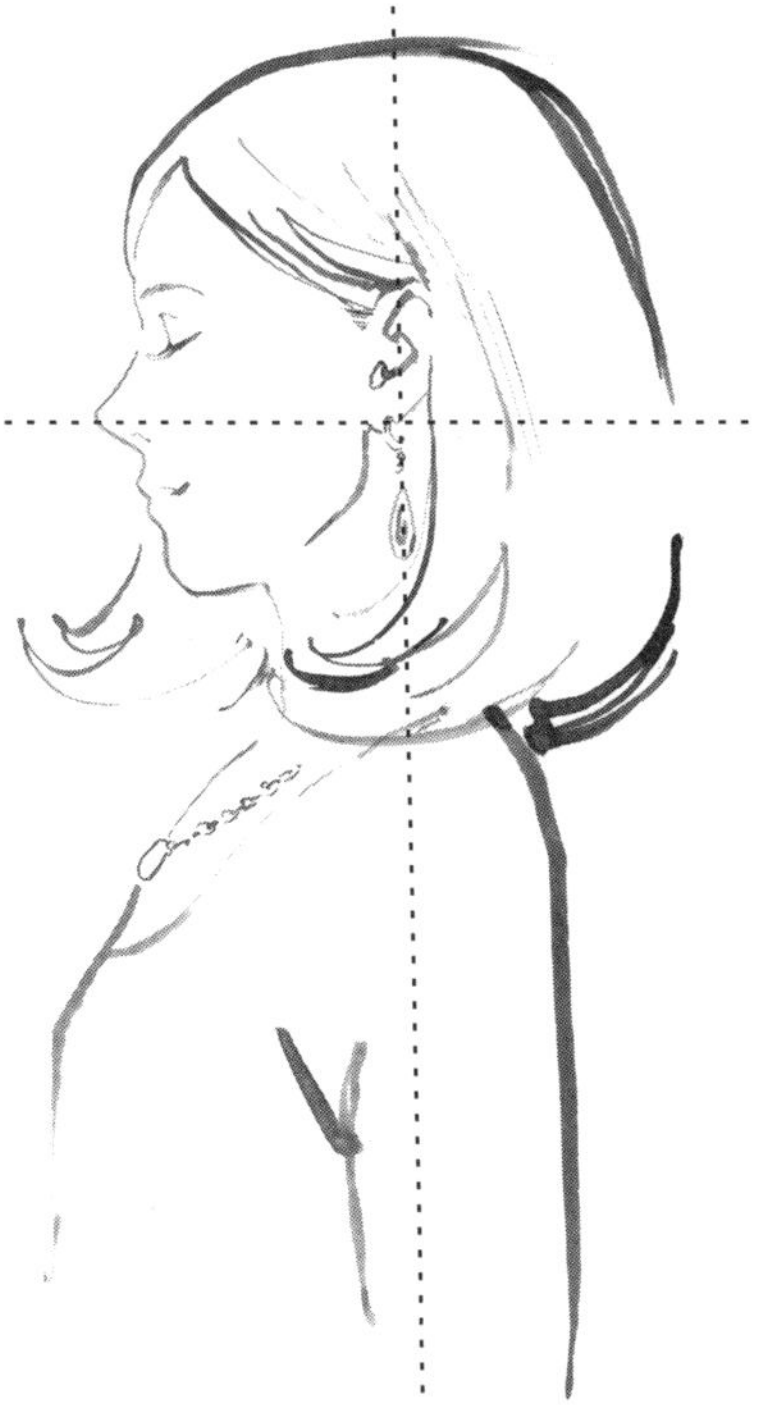

正しい頭の位置

頭を上に上げてから、
真横に5度くらい、
ほんの少しだけカタムケルと、
印象がソフトに

頭を上げてまっすぐにしすぎると、
堅苦しく、とっつきにくい印象に

日常から頭を上げる習慣をつける

日常生活の中で、自分の頭の位置を、横から観察することは、なかなかできません。まずは、頭の位置を意識する習慣をつけることが大事です。できれば、通勤途中の乗り物の中など、他人を横から見る機会があったら、ぜひさりげなくチェックしてみてください。

ふだんの暮らしの中で、頭を正しい位置に戻すのに便利な方法もあります。

それは、バッグの持ち方を変えることです。

次のページの絵のように、トートバッグの場合は、手にさげずに、肩にかけるのを癖にします。肘は体の内側に向けて、肩かけベルトを押さえるように手を添えると、自然と背骨がのびて、首も後ろに戻ります。

ハンドバッグの場合は、腕に通したら、肘の位置を少し上に上げるようにすると、やはり背骨がのびて、頭は背中側に戻ります。

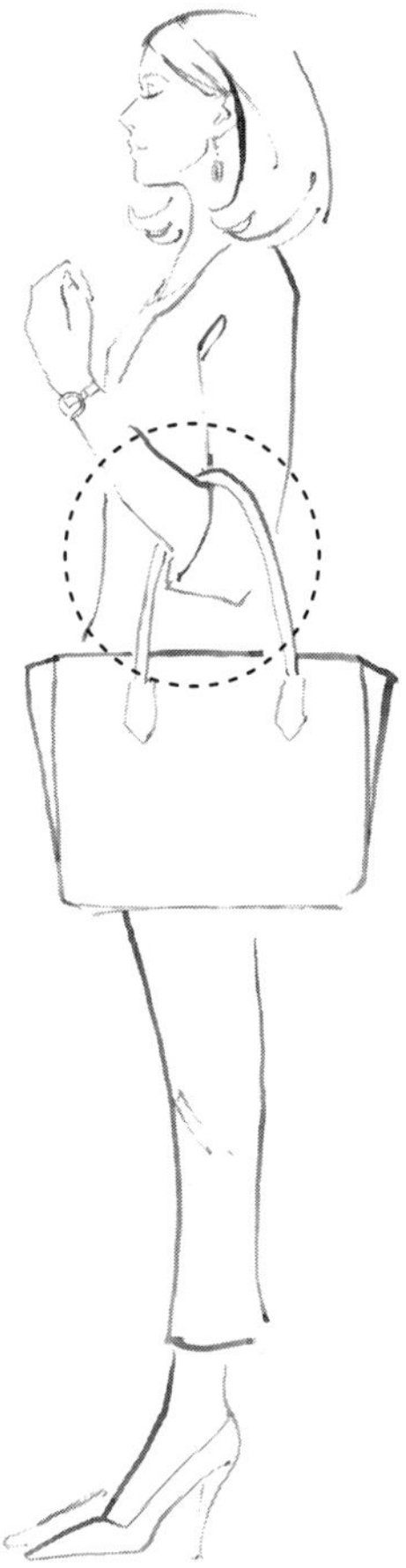

ハンドバッグ

バッグの持ち手に腕を通し、
肘の位置を少し上に
上げるようにして持つ

トートバッグ

肘は体の内側に向けて、
肩かけベルトを押さえるように
手を添える

頭を上げるのに、危機感がないと実感できない人は500ミリリットルのペットボトルを縦にして、頭の上に乗せてバランスを取ってみると、まっすぐな頭の位置の感覚がつかめます。実際、頭上での荷物運搬の習慣がある民族の人たちは、正しい頭の位置で歩いています。

何かを頭に乗せて歩くときは、自然と頭は上がり、正しい位置になる

ハンサム美人は、頭を上げて、心も上げる

自身のプライドがなくなってしまいそうなときは、顔を上げるというのが、一番早い回復方法でしょう。

たとえば、長年つきあってきた恋人との別れを選択したとき、自分の下した選択を後悔し、これからの人生に対して不安を感じるかもしれません。けれども、毅然と頭を上げ、前を向けば、いつか心もついてきてくれるのではないでしょうか。

またビジネスシーンで、プロジェクトの達成に難題が持ち上がったという事実を、あなたがチームに報告しなければならなくなったとします。その問題解決に伴う各部署の不満や意見を、全員から聞かなければなりません。

そんなときも、頭を正しい位置にして、それから、少し横にカタムケれば、ものごとに動じず、さまざまな人の意見に耳を傾ける余裕をも見せられるでしょう。

Handsome Rule 6

ハンサム美人は、なんとなくスポーツが得意そうに見える

腰に手をカサネル「ウエスト・ハンド」で存在感を出す

ハンサム美人とは、何事においてもできそう、、、、に見える人といえます。

そのようなハンサム美人に見せるコツは、どこか運動能力が高そうなしぐさをすることです。

私たちは、本能的に、身体能力の高い人に対して、「すごい！」「できる！」「敵わないなぁ！」などと感じます。

実際、会社によっては運動系の大会が催されることがありますが、そのときに活躍したり、スコアの良かったりした人は、自己管理能力が高そうに見えて、一目置かれるものです。

そもそも、スポーツマンとは、自己を改良する意思と能力を証明できる人といえます。

実際に運動が脳の神経細胞を育てているというのは事実です。運動によるコレス

テロールの軽減によって、血管の能力を高め、脳が働いているときにより多くの血流を運べるようになるからです。

最新のハーバード・メディカルスクール研究でも、脳内にあたらしくニューロンを形成する因子は、運動している間に筋肉でつくられることが証明されました。『シリコンバレー式　よい休息』（アレックス・スジョン、キム・パン、２０１７年、日経ＢＰ社）には、運動以外の分野でも世界的に成功したアスリートたちが列挙されています。ノーベル生理学・医学賞を受賞した山中伸弥教授のマラソン好きは有名で、55歳で3時間25分20秒で完走して自己ベストをぬりかえたことが話題になりました。（２０１８年）

さわやかにガッツのあるスポーツウーマンを演じる

さて、では運動能力の高さを感じさせるしぐさとは、どのようなものでしょうか。安心してください、至極簡単です。

そのしぐさとは、腰にスマートに手をカサネルこと。

仕事の休憩中にふと立ち話をするとき、プレゼンでみなの前に立つとき、この腰を強調させる「ウエスト・ハンド」のしぐさをしましょう。

ハンサム美人バージョン

エレガントでクールに見える

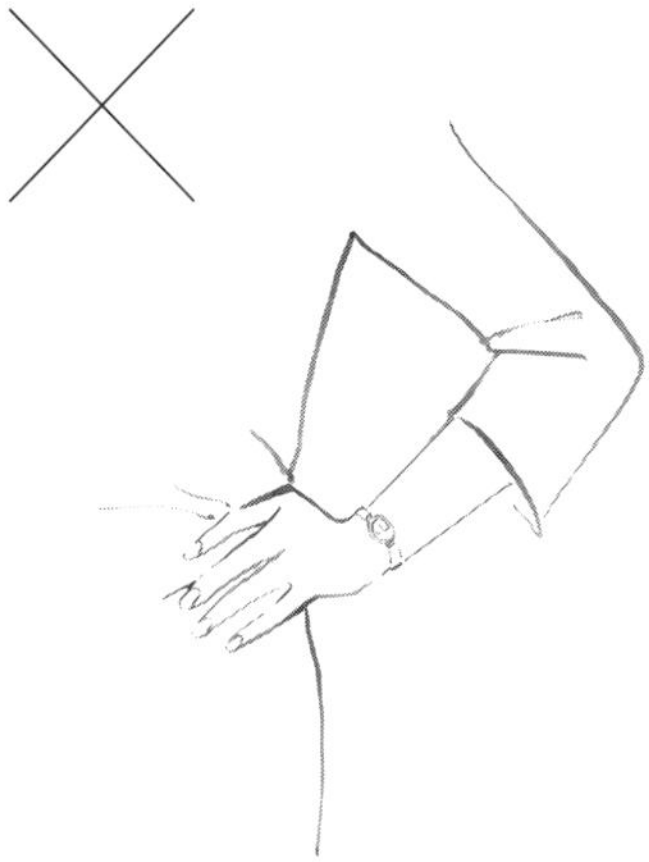

アスリートバージョン

脇が広がりマラソンを走り終えた後のように、
ちょっと汗臭く感じる

腰をすえてふんばっているイメージとして思い浮かぶのが、仁王立ちです。**通常、美しく立つには、片方の足に重心をかけますが、力強さを見せるには、両足に均等に体重をかけ、脚をひらいてスックと立ちます。**

この姿勢に、腰が目立つように、手を添えます。

ただし、ただ横に手を添えると、本当に運動をした後のようで、大げさです。かっこいい手のカサネ方は、後ろから腰を前に押すようにカサネます。さらに指先は上に来るように、手首を折ります。こうすれば、腕が横にでっぱらずエレガントで、ウエストも細く見えます。

両者の違いを便宜上、「アスリートバージョン」と「ハンサム美人バージョン」としておきます。

それでは、次に一連の動きを試してみましょう。

①両脚を広げて立ちます
②「ハンサム美人バージョン」で腰に手をカサネます
③手の動きをつけていきます。次のような3つの動作と連動させてみましょう

次のページの3つのしぐさのように、日常でも、ビジネスシーンでも、少しスポーツウーマンの要素を入れると、ハンサム美人度がアップします。

衆目の中でパフォーマンスを出す集中力や、フェアであることを大事にする気取らない雰囲気をつくりだすことができます。


このハンサム美人なしぐさは、ファッションとの相性も重要です。

さまになるのは、シャツやパンツなどのメンズライクな服にハイヒールといった組み合わせで、「重心が上に感じられるスタイル」です。

ワンピースでこのしぐさをすると、上から下への裾の広がりが分断されて、シルエットを崩してしまうのです。

ちょっと一休み……
もう一方の手は、
軽く汗をぬぐうように
おでこに手をカサネたり、
メガネをクイッと上げたり、
前髪を直したり

時間を確認

深呼吸して、
さぁ、次の仕事も頑張ろう

Handsome Rule 7

ハンサム美人は、包容力を感じさせる

頬の筋肉をアップさせる「菩薩スマイル」

もしあなたが、突然、「仕事やプライベートで信頼される顔をつくりなさい」と言われたらどうしますか?

たとえば、後輩が仕事で失敗をして、あなたがそれを寛容にサポートしなければならないとき。あるいは、あなたが医療関係の仕事に従事していて、利用者の方に、安心感を与える顔で接してほしいと言われたら……。

そんなときのハンサム美人な顔のつくりかたをお伝えしましょう。

どのような顔かというと、「いつでも機嫌がよさそうで、慈悲深く、包容力を感じさせる笑顔」です。

イメージは、**仏像の豊頬《ほうきょう》な笑み**です。

仏像の笑みが、なぜやさしく見えるのかといえば、仏像自身が楽しんでいるわけではないからです。

多くの仏像は、全体にぽっちゃりしたシルエットのものが多く、疫病などであっけなく命を落とす時代に、その姿は、多産で豊饒《ほうじょう》なイメージを持たれていました。またその表情からは、ほのかな嬉しさを感じさせ、能でいう「中間表情」のように、見る角度によって、いろいろな気持ちを想像させます。

次の龍門石窟の『如来坐像』は、めずらしくはっきりした笑顔の仏像ですが、その笑顔の奥に、人の機微を感じ取る人格が備わっているように見えます。

仏像の微笑みと同じような慈悲ぶかい笑顔は、古代ギリシャ・アルカイック時代（紀元前8~同7世紀）の彫刻によく見られた「アルカイック・スマイル」です。当時は、「感情を露にするのは下品」という考えがあり、その穏やかな笑顔は、時代が平和だったからと言われています。

仏像の笑みも、アルカイック・スマイルも、その根幹となる心の持ち方ゆえに、ハンサム美人な笑顔のつくりかたのスタンダードと言えます。

では、つくりかたです。口を大きく開かずに、口角を引き上げます。具体的には、「頬でつくったたこ焼き」を上に押し上げるイメージです。

自分から微笑むというより、相手が喜んでいる顔を楽しそうに眺めている……といった風情をイメージしてください。またこの笑顔で人を見つめるときは、「まばたき」

『如来坐像』龍門石窟　中国河南省

アルカイック・スマイルの『ペプロスの少女』
（ペプロスは身にまとっている服のこと）

を少なくすると、よりハンサムです。

まばたきの多い・少ないによって、対象に対する興味の度合いが出ます。まばたきが少ない＝感情が途切れるのが少ない、と言えます。動物でもまばたきが少なく一点を見つめているように見えるフクロウは、ギリシャ神話では「知性と学問」の象徴とされています。

頬の筋肉をクイッとヒネッて上げ、
薄く微笑むと、ハンサム美人に見える

ハンサム美人は、情操的で、細やかな心遣いを感じさせる人

ハンサム美人と笑顔は密接にかかわっていますが、とにかく笑えばいいというわけではありません。

真っ白な歯を見せて笑うのは、見る人に健康的で好印象を与えます。

しかし、次の項で紹介するような全身で笑う場合以外の、無理に顔だけで笑っているような「つくり笑い」は、かえって相手を緊張させます。相手が鋭く人を見抜くタイプの人なら、そんな笑みを見て、「この人は何のたくらみがあるの？」と感じることでしょう。

ことさら強く笑う人は、自分が幸せであることをアピールしているように見えたり、あるいは幸せを欲していて相手に強要しているように見えたりしがちです。また、自分の都合が悪くなると表情がパッと変わりそうな気配もします。

こういった強い「情動（emotion）」に比べ、ハンサム美人が目指す笑顔は、「情操（sentiment）」を感じさせるやわらかい笑顔です。

情動は「快、不快、怒り、恐れ」、情操は「喜び、悲しみ、恥じらい、妬み」などを感じ取る力です。

周りにいる人が、何かで失敗して、思うようにならないときにも、「お疲れ様」と励ませる笑顔を身につけられれば、必ずハンサム美人に見えるはずです。

Handsome Rule 8

ハンサム美人は、純粋に、サバサバと、大きく笑う

目尻をヒネッて顔を崩す「三日月スマイル」

さて、前項の包容力を感じさせる「菩薩スマイル」がフォーマルでオンタイムの笑いとすれば、こちらはカジュアルなオフタイムの笑いです。

目尻をクシャッと下にヒネリ、三日月をつくって子どものように大笑いをすると、素直なハンサム美人に見えます。

この三日月ラインのつくりかたは、簡単です。

目を軽くつぶったり、細めたりして、大きく笑うだけです。

大きく笑うことで、体も自然に前や横にカタムくはずです。それらのアクションの大きさは、楽しさに比例しているように見えます。

心から打ち解ける関係にまでなったら、相手を安心させたいとき、「快活に」大

笑いすることです。その開いた心を、笑顔ではじけさせましょう！

子どもがくったくなく笑っている顔が、一番参考になります。顔にしわができることなど気にしないで、思う存分笑います。歯は自然と見えるかたちにし、歯並びをアピールするような「パワースマイル」である必要はありません。

がんばる必要はないからです。

目尻をヒネリ、顔を崩す
三日月スマイル

自然な「真の笑顔」こそ、ハンサムに見える

本当に笑えるときに笑うのが、「ビッグスマイル」です。

本当の笑いとうその笑いの違いは、目尻にしわができるかどうかでわかります。

すぐに笑顔が消えるのは、うその笑いです。

本当に笑うとは、自分の顔が崩れることです。

ファッション誌の表紙には、つねにモデルの健康的な笑顔があふれていますが、それは彼女たちが心から笑っているからです。それはまた、撮影するスタッフも笑っているからであって、その雰囲気の全てが写真に写りこんでいるのです。

ですから、元気がないときは、自分の大笑いしている写真を見るのもよいかもしれません。そして、笑うことができる環境にいることに、感謝したいですね。

笑顔が苦手な方が、ハンサム美人に見せるために、本当に笑うというのは難しいかもしれませんが、これに関しては、「練習あるのみ」といえるでしょう。

「元始、女性は太陽であった」とは日本で最初の女性による女性のための文芸誌『青踏』をつくった平塚らいてふの言葉です。

まさに、太陽のように、笑おうではありませんか。

Handsome Rule 9

体をヒネッて後ろ姿で語る「背中プロフィール」

ハンサム美人は、一枚の絵のように考えごとをする

休んでいるときでも、何かつまらなそうに見える人と、思慮深いように見えて、絵になるハンサムな人がいます。

その違いは、「誰かに見られているかもしれない」という緊張感があるか、ないかです。

まず、考えごとをするときに、悩んでいる顔がはっきりと見て取れるのはハンサムではありません。

ゆっくり一人で考えるときは、自分の後ろ姿を見せてしまうほうが楽です。

しかし、真後ろの姿を見せるのは、周りに、「放っておいて」と言っているようで、声をかけづらいような「深刻さ」がただよいます。

そのため、ハンサム美人な後ろ姿は、少し体を後ろ側にひらくようにヒネリ、背後も気にしている角度をつけ、少し横顔を見せます。

後ろ姿から背後を気にしている様子を出す

京都の禅林寺には、『見返り阿弥陀像』という後ろを振り返った仏像があります。その意味は、「自分より遅れるものを待ち、自分の位置を省み、愛や情けをかける姿勢」と説明されています。

この像を背中から見ることはできませんが、ちょうど、この黒いドレスを着ている女性のような角度の見せ方になります。

後ろ姿がハンサムなのは、本人の「隠れる」意識と、こちらの「見たい」という意識の綱引きの緊張感がただよっているからです。

実際、古くから西洋では、イブニング・ドレスの背中をどう見せるかが重要視されていました。そのため、前よ

菱川師宣『見返り美人図』東京国立博物館　1693年頃

りも後ろにデザイン性の高いものが多いのです。

日本では、切手の絵柄にもなっている菱川師宣の『見返り美人図』（1693年頃）は、後ろ姿の神秘的な魅力を紹介した作品です。この絵の首から上を隠すと、振り返った瞬間の着物の袖のヒネリから、動きの速さが想像され、若い女性であろうということがわかります。（もっとも、この絵では、見ている人にサービスをして横顔がはっきりわかるように描かれていますが、実際には不可能な角度です）

後ろ姿はかように雄弁で、より一層、「前」を想像させるのです。この構図は、西洋の画家モネにも影響を与えました。

では、まず、後ろ姿をつくる体の構造から見てみましょう。背中にはゆるやかな曲線があります。曲線をつくるカーブは、４つに分かれます。

４つのカーブとは、

①前に曲がっている頚椎のカーブ
②後ろに曲がっている胸椎のカーブ
③前に曲がっている腰椎のカーブ
④後ろに曲がっている仙椎のカーブ

になります。

凛としている様子を、「背筋が一本通っている」と形容することがありますが、「背骨」とは通称であって、正式には、頚椎、胸椎、腰椎、仙椎、尾椎の33個の骨がつながり、成り立っています。この一連のつらなりが美しく一本の線のように見えることから、この慣用句が生まれたのでしょう。

次に、「ハンサム美人に見える立ち姿の基本」についてお伝えしましょう。

立つ姿勢は、後ろ姿のときは、棒立ちだとボサッとして見えてしまいますから、片足に重心をカタムケます。これで、骨盤がカタムイテ隙がなくなります。

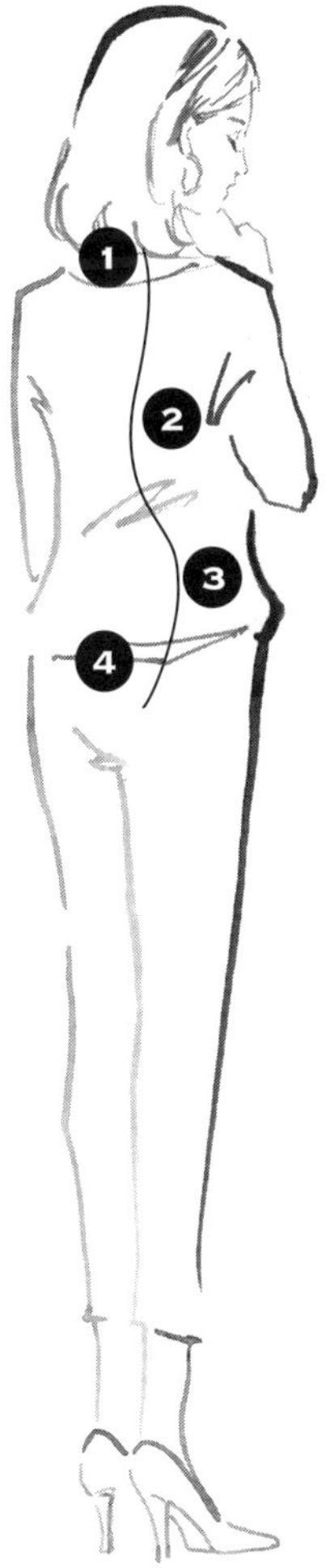

4つのカーブがつながり、
背骨が成り立っている

骨盤がカタムクことで、左右のバランスが微妙にくずれ、背中の4つのカーブからなる「S字曲線」が美しく出ます。

片足に重心をずらすことで腰にえくぼのようなくぼみ（針灸では、腰目といいます）が出て、骨のつらなりのS字のラインが表情豊かに描かれ、ハンサム美人な後ろ姿が完成します。

ここで、重要なのが、横顔です。

横顔の英訳は「プロファイル」です。語源は「輪郭を描く」、つまり、正面ではわからない骨格の特徴がつかめるという意味が含まれています。正面の顔はつくろうことがありますが、横顔のほうが正直ということでしょう。

では、横顔の見せ方です。

左のように、右足に重心をカタムケた美しい立ち方をしてから、背中越しに、少しだけ、横顔を見せます。

顔の向きを30度くらい、重心のかかっている足の方向にカタムケます。

顔の向きは真横ではなく、斜め下方向にカタムケルと、風情が出ます。

これは伝統芸能の「能」でいう「くもる」角度で、表情やたたずまいに「かげり」が出て、ハンサム美人に見えるのです。

真後ろではなく、少し横顔がのぞくことで、
ハンサム美人な雰囲気を演出できる

あえて「振り向かないこと」がメッセージになることも

まったく振り向かない姿は、それだけで強いメッセージになります。

孤独を伴ったハンサム美人といえるかもしれません。

ハンサム美人な後ろ姿といえば、映画『風と共に去りぬ』（ヴィクター・フレミング、１９３９年、米国）のラストシーンです。

美人で気の強いヒロイン、スカーレット・オハラは、戦争で敗北し、身内は亡くなり、夫までも去っていき、途方にくれます。

何もない遠くの大地を見つめるばかりです。

それでも彼女が自分に言い聞かせる言葉。

“After all, tomorrow is another day”

「明日は明日の風が吹く」

背中を見せていても、前向きな気持ちがあれば、なんとかなるということを教えてくれます。

映画『風と共に去りぬ』の主人公スカーレット・オハラの信念を感じさせる後ろ姿

Handsome Rule 10

ハンサム美人は、おごそかに見える

―ひとつの動作をカサネル「サイレント・モーション」

ハンサム美人は、サバサバしていますが、それと同時に、丁寧で美しい様子が同居している人といえます。

ハンサムである、つまりかっこいいということと、動作ががさつであることは違います。**「かっこいい」を成立させるには、丁寧さやまじめさ、信頼できる静謐《せいひつ》さが欠かせません。**人は、信頼できない人に対して、あこがれを抱くことはできないからです。

活動的であっても、いつも忙しそうに、バタバタと音を立てていると、「騒々しい人」という印象になってしまいます。所作の音に気を配り、自分の周りに上質な空間をつくりだすことを意識してください。

そもそも音がするのは、叩いたり、こすったり、ひっかいたりと、何かと何かが擦れ合って振動するからです。この振動を起こさないように動くことが求められます。

とくに意識したいのが、座るときのしぐさです。

動きを細分化して、一つひとつの動きを、そっとカサネルようにすると、音が出ません。

左のように、突然椅子にドスーンと座ると、雑に見えてしまいます。

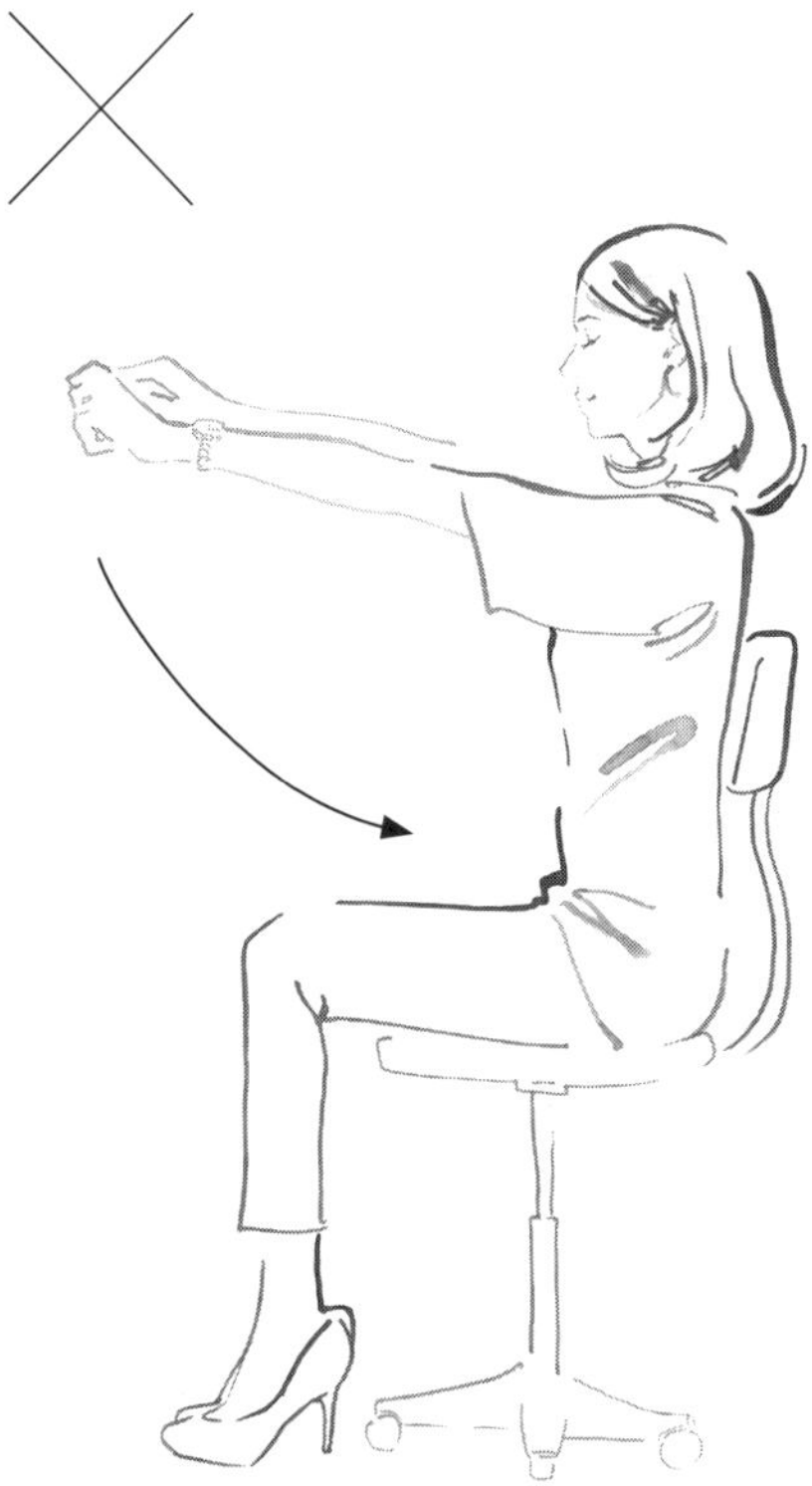

いきなりドスンと座ることで、音が出てしまい、しぐさが美しくない

座るときに、重心をゆっくりカタムケ、音を立てないようにすると、優雅でおごそかに見えます

まず椅子の端っこに、とにかく座る。それから、移動するという流れです。

具体的には、座るときに、「腰をおろす」という動きと、自分の体を椅子の納まりのよい位置に「移動させる」動きとに分けて考えます。

これで、めがけた位置に自分の体を荷物のように放り投げ、ドスンという音がすることがなくなります。

そのほか、音が気になるシーンは、書類をテーブルに置く、床にバッグを置く、スマホをテーブルに置く、ドアを閉めるときなどがありますが、しぐさの流れの考え方は、座るときとすべて同じです。段階を踏むことを大切にしてください。

「ようやく寝静まった子どもを起こさないようにしたい」とイメージすれば、すぐに直すことができます。

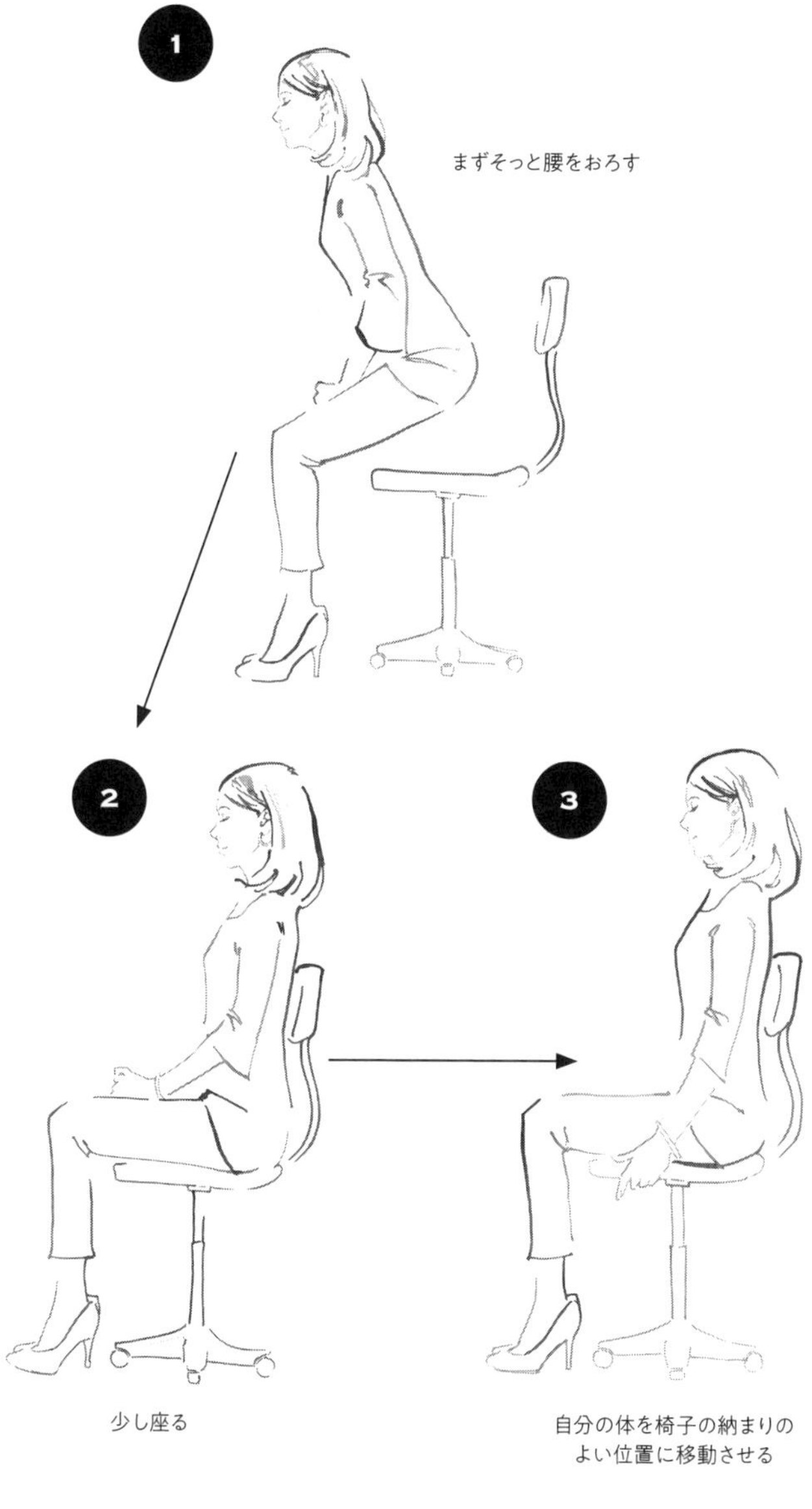
1
まずそっと腰をおろす
2
3
少し座る
自分の体を椅子の納まりの
よい位置に移動させる

1

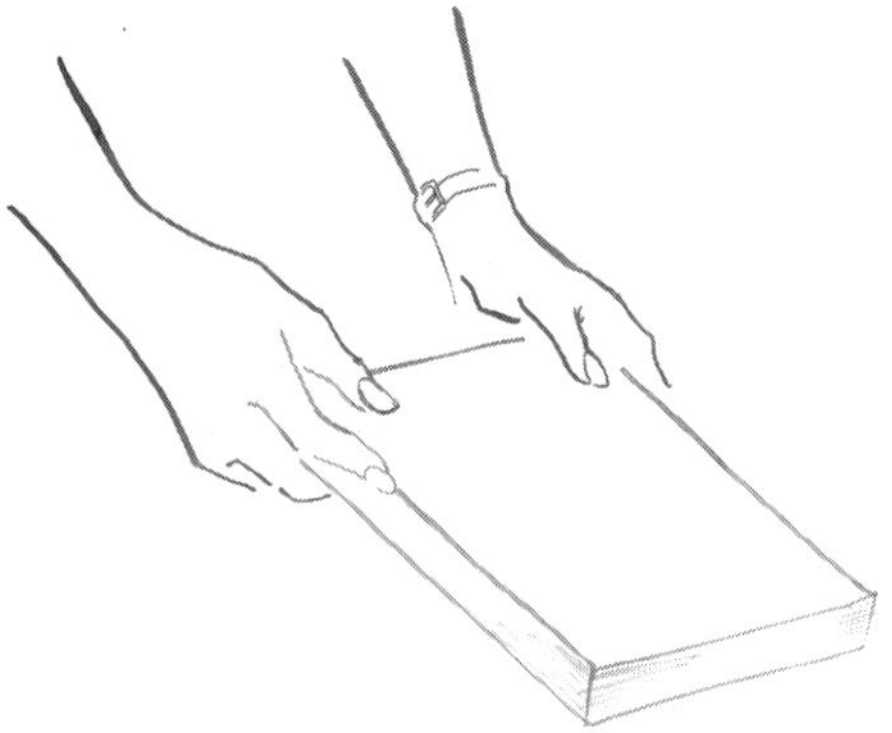

まず最初に書類の一部をつける

2

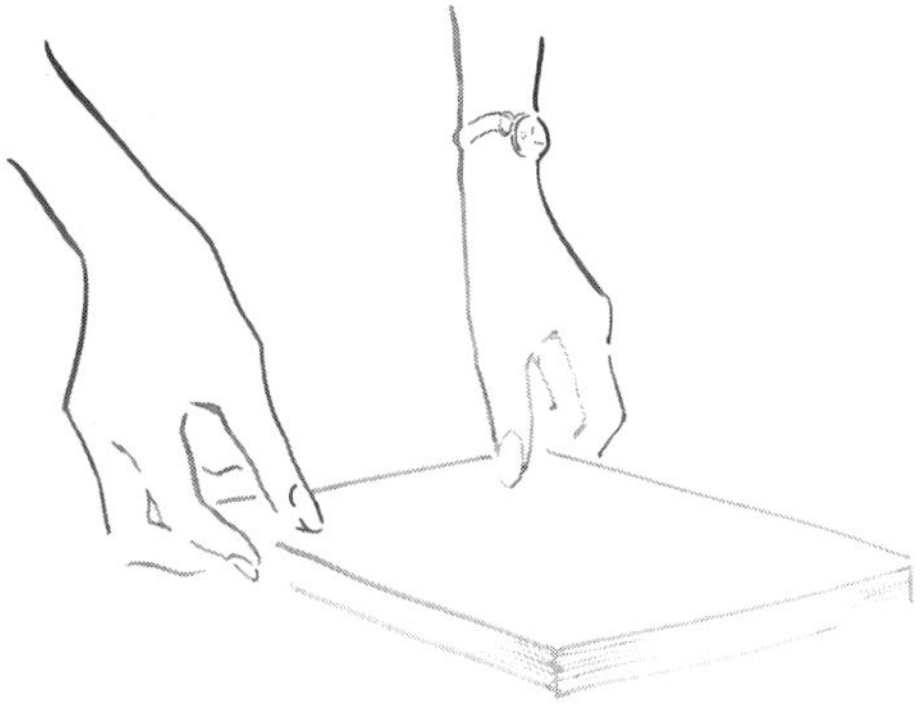

書類全てを着地させる

先ほど、「どこか静けさを感じさせるのがハンサム美人」と書きましたが、日ごろからどれだけ音に敏感でいられるかということが、ハンサム美人であるために重要です。

静寂の中での突然の音に意外な気分になることもあります。豪雨に過去がよみがえったり、のどかな田舎道に、特急列車が通り抜ける風の音に何かを吹っ切れる思いがしたり。着物で歩けば、裾が擦れ合う衣擦れの音、キュッと締めた帯の音などがします。

こんなふうに、周囲の音にも、自分の動きが立てる音にも敏感でいると、情緒の感じられるハンサム美人になれるのではないでしょうか。

Handsome Rule 11

ハンサム美人は、ちょっとワルい

あえて内側にヒネル「ちょいワル」姿勢

体を内側にヒネリ、ワルぶると、反抗的でかっこいいハンサム美人に見えます。

つまり、きれいな服装をしているのに、ちょっとワルぶるとハンサム美人に見えます。

たとえば、特別にドレスアップしたり、かっちりと仕立てのよい服を着たりしておめかしをしているような状態で、自分を隠すように、体を内側にヒネッたり、あえてしゃがんだり、脚を大きくひらいたり、背中をカタムケたりしてみてください。

これは、少し違和感のある状況に同調する対比のしぐさです。

「親に贅沢な服を着せられたけれど、大人の集まりの会食には行きたくない」と駄々をこねている子どもをイメージしてみてください。

結婚式やパーティ、あるいは大事なプレゼンが成功した帰りなどに、公園でブレイクするイメージ

エレガントでありながら、お行儀を悪くすると、かっこいい

さて、なぜ、体をヒネッた、いわば、だらしないしぐさがハンサムに見えてしまうのでしょうか。

その答えは、きちんとしていないところに、若々しさを感じるからです。P56の髪をかきあげるしぐさでもお伝えしましたね。

内側に向かって体を折り曲げるのは、母親の胎内にいる「胎児」を思わせるポーズです。しかし、やがて人は大人になるにつれて、だんだんと背中が伸びていきます。

このしぐさは大人になっても、ハートはいつまでも子どもの純真さを失っていないように見えるからハンサムなのです。

高級ファッション・メゾン「CHANEL」をつくりあげたココ・シャネルも「エレガントでありながら、行儀を悪くする（とかっこいい）」と言っています。

この発言は、ココ・シャネルの恋人で、英国で一番の富豪と呼ばれた、第二代ウエストミンスター公爵のスマートなスタイルをたとえたもののようです。公爵は貴

族という高貴な生まれと育ちの良さを持ちながらも、贅沢な生活や富をひけらかすことのない「ラフ」な人でした。つまり、礼儀の基礎があってこそ、崩したときにかっこいいのです。

これと同じように、しっかりしている人が、一瞬、露悪的に崩し、ちょっとびっくりさせることが、魅力的に見せるコツです。

どのような格好をしていても、「じつは私は、こんなふうに自分を開放する一面を持っているのよ」と、一瞬垣間見えるから、ハンサム美人に見えるのです。

もちろん、ずっとこのような「ちょいワル」姿勢でいるのは、不自然でハンサム美人ではありません。

たとえば、何かのカジュアルな集まりなどで、集合写真を撮るとき、ひとりこのちょいワル姿勢を意識してみてください。存在感が抜きん出ることは間違いありません。

Handsome Rule 12

ハンサム美人は、リラックスしながらも、緊張感を残して座る

カタムキつつ、立てつつ「横座り」

休んでいいときでも、半分だけキリッとしていると、ハンサム美人に見えます。

たとえば、お花見や友人の家のホームパーティなどで、シートの上や床に直接座る場面を考えてみてください。

こんなとき、どのような座り方をするか、あまり考えることはないのではないでしょうか。きちんと座る「正座」は堅苦しく、長時間その座り方でいると脚がしびれるかもしれません。「あぐら」や「片膝立て」の座り方は、パンツをはいていたとしても、品位に欠けます。そうかといって「体育座り」は、部活をしている学生や、先生の話を聞いている子どものようで、幼く見えます。

そこで、ハンサム美人な座り方です。

片脚はまっすぐに伸ばして、もう片ほうの脚は、膝が90度くらいに折れるように立てます。

立てた膝にフワッと手をカサネ、
脚は上半身のカタムケた方向と反対方向へ

立てた膝の反対側の腕は、後ろに突っ張るようにつかないで、なだらかな曲線をイメージし、膝にカサネルことで、そのバランスが中庸で美しく、ハンサムに見えるのです。

体の中に反作用があるとキリッと見えるのは、水泳をイメージするとわかります。体は休んでいても半分浮いていますが、仰向け姿勢をとらない限り、動かしていないと沈んでしまいます。

体は浮いているけれど、動かす。この反作用を続けるから、泳いでいる姿は優雅なだけではなく、キリッとして見えるのです。


この横座りとは、完全に休んでいるわけではありません。半分休むことで、自分に、ゆとりを持たせるしぐさです。

座るという動きは、畳文化の私たちにはごく当たり前の所作であり、緊張感を持ちながら休む座りかたは、日本的な美のしぐさとも言えます。

リラックスしてよいときも、ペタッと横になろうとするのではなく、つねに緊張感をどこかに残すこんな座り方ができれば、ハンサム美人になれているはずです。

Handsome Rule 13

ハンサム美人は、「一人壁ドン」でたそがれる

大きな存在に身をゆだねてカタムケル

壁のような体を預けられる硬いものに、体をカタムケてよりかかると、リラックスしている雰囲気をつくりだすことができ、ハンサム美人に見えます。


まず、壁があったら、その方向に重心をカタムケます。

「硬く立ちはだかり動かないもの」という壁のイメージに頼り、味方にしてしまうしぐさです。

これは仕事での休憩や、誰かを待っているときなどにおすすめのしぐさです。

たとえば、立ち話をするときに、休憩場所の壁側に立ち、肩だけ軽く壁にタッチさせ、自分の体の一部として壁の力を使います。

向きによっては背中をつけてもいいでしょう。同じように背景に支えができて、自分の印象が強くなります。

待ち合わせによく使われる広場のような場所で、周りの人々をちょっと観察してみてください。スマホを見るにしても、何もないところで立っている人と、壁によりかかりながら立っている人とでは、まったく違う印象を受けます。

何もないところでは、ソワソワ落ち着きなく見え、壁を背に立っていると、安定感があるように見えるのです。

この一見凛としていないような姿勢が、なぜハンサムに見えるかといえば、体を壁の方向にカタムケルことで、自分の背景に大きく硬いものを使っているからです。よりかかると自分の体の一部が放棄されて、緊張が解けます。すると、何かに守られているような余裕を演出することができます。

もちろん壁によりかかったまま、目上の人と話すのは失礼ですが、友人や後輩の話を聞くときなどにこのしぐさをすると、相手をリラックスさせることができます。

これによって相手からは親しみやすい印象を持たれ、ハンサム美人に見えるのです。

日ごろから、どこにどのような壁があるのかチェックしてみるのも、面白いかもしれません。誰かと待ち合わせするときは、そこを指定できるように……。

肩だけ軽く壁にタッチさせ、
壁に重心をカタムケ、
自分の体の一部として
壁の力を使う

背中側の壁に重心を
カタムケて、タッチ

Handsome Rule **14**

ハンサム美人は、涙を払い、粋に泣く

眉間をカサネ、涙をヒネリ上げる「ハンサム泣き」

人前で泣くときは、眉間をかすかに寄せ、指で涙を上にヒネリ上げてぬぐうと、情に厚いハンサム美人に見えます。

「泣いちゃいけないのに、ああ、なんで涙なんか出ちゃうんだろう……」と流れてくる涙を止めようとして、上に戻すイメージです。

美しくはありませんが、江戸っ子が「てやんでぇ」と鼻水を手でぬぐいあげるような粋なしぐさを想像してみてください。

「そもそも、ハンサム美人が人前で涙を流すのでしょうか？」という疑問もあるでしょう。

けれども、涙を流すのは、悪いことがあったときばかりではありません。

涙は個人的な背景からも生まれます。うれしいことがあったとき、心から感動したとき、自然に、優雅に、それでいて潔く泣けると、素敵です。

指で涙をななめ上にヒネリ上げると、ハンサム美人に

涙ぶくろをこすって「エーン」と泣いてしまうと、依存的な印象に

誰かと一緒に泣くことで、強い絆が生まれます。何かに対して共に感動し、あるいは嘆き、熱くなり、ときに素直になれる人は、信頼されるものです。その強い心の動きの結果が、涙として現れると考えてください。

ハンサム美人とは、孤高の人ではありません。親しみやすく、たよりになる「姉御肌」のような一面を持っている人です。

もし、日ごろから「冷たい人」「感情を表さない人」などと思われているのなら、ふさわしい場面で、素直に泣ける潔い心と、ハンサムな泣きしぐさを身につけておきましょう。印象を変えるチャンスです。

ここで言うふさわしい場面とは、たとえば、長年自分を育ててくれた上司が退職する送別会や親友の結婚式などです。こういった場面では、気の利いたスピーチより、涙が一番のはなむけの言葉になるかもしれません。

ハンサム美人な泣き方は、映画『エリン・ブロコビッチ』（スティーブン・ソダーバーグ、2000年、米国）にも登場します。

主人公のエリンはアメリカの環境運動家で実在の人物です。大手企業が10年以上にわたり隠蔽していた公害問題に関して、専門知識がないにもかかわらず、会社側に賠償金を払わせることに成功したスーパーウーマンです。彼女を演じた女優ジュ

映画『エリン・ブロコビッチ』で、感情を抑えながら涙を払う名場面

リア・ロバーツは、この映画の演技で、アカデミー主演女優賞、ゴールデングローブ賞主演女優賞、英国アカデミー賞主演女優賞などを受賞しました。

映画の中で、主人公のエリンは「何をやっても挫折ばかりだった」と、恋人に心を開いて涙を流します。このときに見せるのが、流れ出る涙を上に払いながらぬぐうしぐさです。これこそ、ハンサム美人といえます。

泣いていなくても感情のたかぶりを表現

そうは言っても、涙が出ないときは、あります。そんなときは、どうすればよいか。

答えはひとつ。

泣いているように見せればよいのです。

眉間にしわをよせるだけで、泣いているように見えます。

正確には、涙をこらえているように見えるのです。「愁眉が開く」といえば、心配がなくなって、眉間によせたしわが開き、ほっとした顔つきになることです。ここでは、その逆で「愁眉を開かない」しぐさをします。

涙が出ていないのに、泣きしぐさをするのは後ろめたいでしょうか？

しかし、人は、泣いている姿そのものでなくても、「感情のたかぶり」を抑えようとしている姿に対して、感動するものです。

以前、あるフラメンコのギター奏者の演奏を聴きに行ったときのことです。スペイン帰りの彼は、日本人だからという理由で、現地では、なかなかプロとして受け入れてもらえなかったという話をしてくれました。何とか認められたいと、いろいろな演奏法を試したところ、今までと段違いに反応がよかったのは、なんと、ただ苦しそうな顔をして演奏することでした。スペインの観客たちから「フラメンコの情念を、この人は、わかっている」と感じてもらえたのでした。

実際に目の前で、その違いを披露してくださったところ、なるほどたしかに眉間にしわがよるだけで、音色は切なく、やるせない音に聞こえるではありませんか。

「泣き」をパフォーマンスにするのは、正当ではない気もしますが、「泣き落とし」という言葉があるほど、その説得力は保証済みです。

壁にもたれかかって、軽く眉間にしわをよせる。
このとき、拳は腕の中に入れて腕組みをする

Handsome Rule 15

ハンサム美人は、余韻を感じて振り返る

心と体をヒネル「見返りハンサム」

別れ際に体をヒネリ、振り返ると、余韻が出てハンサム美人に見えます。

人との別れ際に、相手のほうを振り返るとハンサム美人に見えるのは、「別れ」を諦観しているしぐさだからです。

振り返るのは、相手のためではなく、自分のため。

気になる自分の心に寄りそい、同調したから振り返るのです。

私たちは、「忘れ物をしていないか」あるいは「ドアにちゃんと鍵がかかったか」などと、部屋を出るときに、「大丈夫だよね」と思わず振り返ることがあります。それは、誰のためでもなく、部屋と別れるときのしぐさです。もしもその様子を誰かが見たら、「この人は注意深く慎重に確認する、丁寧な人なのだろう」と想像するでしょう。その様子こそが、ハンサム美人に見えます。この別れ際に振り返るしぐさは、まさしくこれと同じです。

人との別れは、小さな別れや大きな別れ、程度の差はありますが、明日会えなくなる可能性は同じです。

たとえば、恋愛関係が終わってしまい、別れたときに相手のほうを振り返る。

それは、自分の過去と決別するために、振り返ります。部屋を出るときのように。

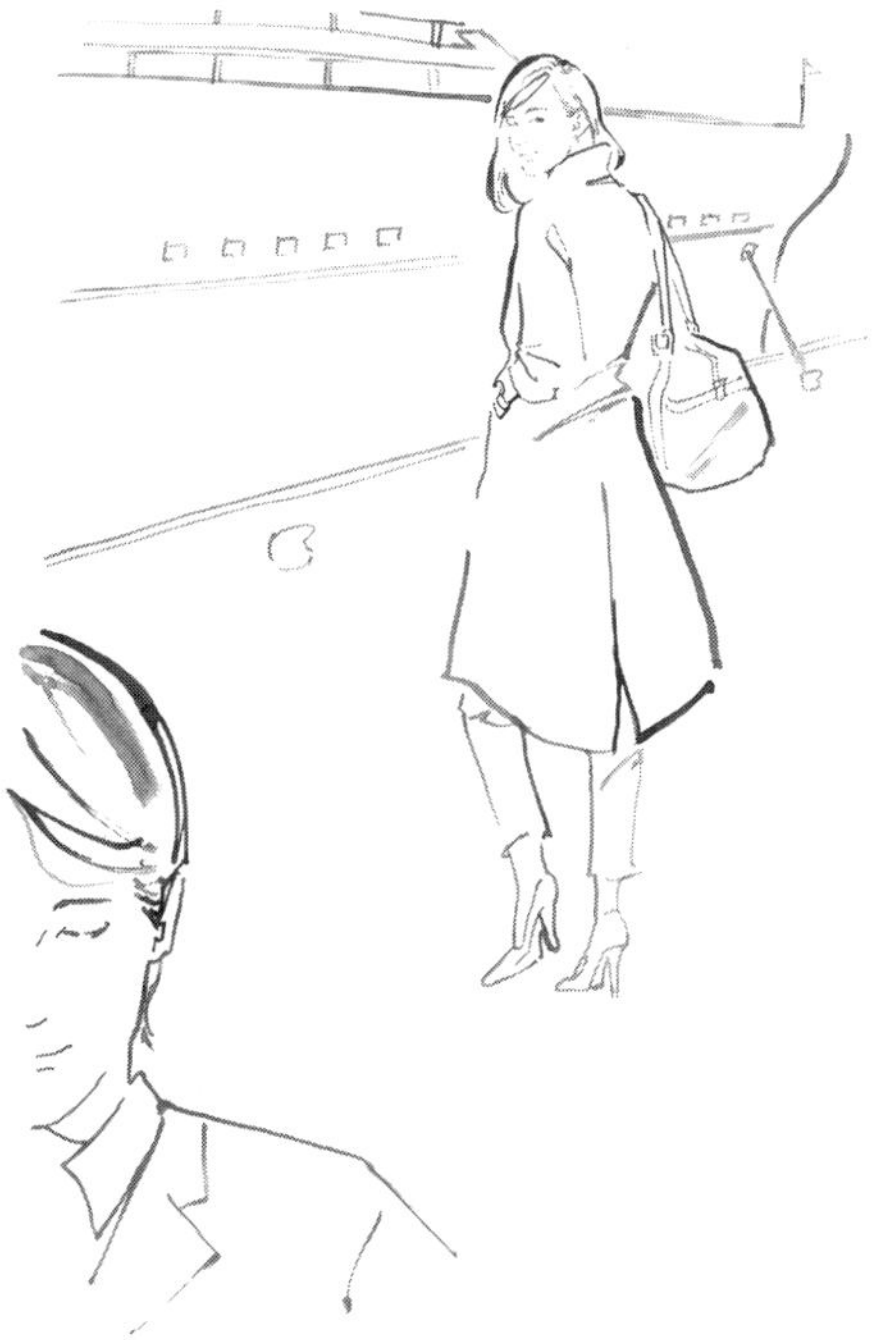

自分のために振り返る

別れた相手に振り返ってもらいたいわけではありません。相手は振り返っても、そのまま行ってしまっても、どちらでも気にしません。

無駄なしぐさだと感じるかもしれませんが、「一瞬、余韻を残す癖をつける」と考えてください。

余韻を残すとハンサムに見えるのは、誰でも自分の手の中にあるときは慎重にそれを扱うけれど、いざ手離す段になると、ぞんざいになりがちだからです。

茶の達人、千利休は、こんな一句を残しています。

「何にても置き付けかへる手離れは恋しき人にわかるると知れ」

何であっても、茶を立てた道具を置いて手から離すときも「恋しい人と別れるときのように心を込め余韻を持たせなさい」という意味です。

この心構えを「残心《ざんしん》」といいます。武道においては「勝ったあとに油断をしない」という意味でも使われます。

日々、忙しいなかで、私たちはいちいちこのようなことは考えません。しかし、何に対しても時短感覚で対応することが普通になっていると、いつしか人付き合いにも影響してくるかもしれません。だからこそ、自分を振り返るハンサム美人なくせを身につけておいて、損はないのではないでしょうか。

LESSON 2

仕事ができる
ハンサム美人な
「しぐさ」

HKKの法則で緊張感と親しみを演出

ハンサム美人は、つねに注目されるリーダー

このレッスンでは、おもにビジネスシーンで、「かっこいい」と思われ、結果として自分の評価が上がり、敬意を持たれるようなハンサム美人になる「しぐさ」にフォーカスしていきます。

たとえば、職場で、自分の前に何人か集まっているシーンを想像してください。大勢のなかでリーダーシップをとる立場であることを示したいときは、次のようなしぐさをします。

このしぐさのポイントは3つです。

①口角をヒネル
②腰に手をカサネル
③両足に均等に重心をのせて、相手に対して正面を向いて立つ（カタムケない）

少しの威厳と親しみやすさを出す「ハンサム美人なしぐさ」

1
ヒネル
口角を上にヒネリ、
厳しさの中に優しさも
伝える
2
カサネル
腰に手をカサネ、
ウエスト位置をはっきり見せ、
シャープな印象にする
3
カタムケない
キリッと感を強く出すために、
「HKKの法則」では片足に
重心をカタムケルところを、
両足に均等に重心を置く。
それにあわせて、
人差し指をまっすぐ
上に立てる

このとき、自分の全身が見えていると仮定した場合、小さな部屋なら両足の幅を狭くし、広い会議室なら肩幅くらいの両足の幅をとりましょう。

このしぐさをすることで、リーダーとしてまっすぐにぶれない力強さや、正々堂々とした印象を、見る人に与えることができます。

HKKの法則からあえてひとつのしぐさを抜くと、よりかっこよく、信頼できる雰囲気が出る

ここでのしぐさのポイントは、HKKの法則のひとつをあえてしないことで、ハンサムな雰囲気を際立たせていることです。これがかっこいい、信頼できる雰囲気の秘密です。

通常、片足に重心をカタムケルことで、骨盤の左右のバランスがくずれ、女性らしいなだらかな腰のカーブがはっきりします。

しかしここでは、**強いイメージを持たせるために、片足に重心をカタムケず、垂直に立ちます。**いわば、普通ではない緊張した状態をつくります。そうすることで、口角をヒネッた笑顔の親しみやすさが目立ちます。また、張った肘を腰にカサネルことで、正三角形のシルエットができて、シャープな印象になります。このとき、パソコンやノート、ファイルなどを持って腰の位置でとめるのも効果的です。

学生時代に整列をするときに「気をつけ」と「休め」の姿勢をとったことがありますよね。これは、重心が均等に足にかかっていたために、緊張感が出ていたのでした。イギリスの近衛兵は、この姿勢で腕を曲げずに、高い帽子をかぶり直線を強調することで、威厳ある雰囲気をつくっています。

イギリス・バッキンガム宮殿の近衛兵の立ち姿

Handsome Rule 1

ハンサム美人は、相手に対する興味を上手にアピール

手のひらを効果的に使う「ダイバーシティ・ハンド」

この本の冒頭で、ハンサム美人な女性の特徴のひとつに、誰であっても媚びず、それでいて親しみやすく、味方が多いということを挙げました。

このレッスンのはじめに、男性からも女性からも信頼され、たよりにされる雰囲気をつくりだすしぐさを紹介しましょう。

キーは「手」です。

手のひらを上にカタムケて相手にさしのべると、どんな人でも受け入れる包容力のあるハンサム美人に見えます。

インタビュアーが、ゲストから話を聞き出すときに、よくこのしぐさを使います。「何でも話してください」あるいは、「あなたに強く興味があります」というサインになると同時に、あなたがその場を仕切っているようにも見えるという効果まであります。

手のひらを効果的に使い、話を進めるオプラ・ウィンフリー

アメリカのテレビ番組で、25年間司会者をつとめたオプラ・ウィンフリーも、手を使って相手の心を開かせています。

では、この手を意識的に使ってみましょう。

まずひとつめの使い方です。場所を示したり、人やものを紹介したりするときに、そのものに対して手のひらをさし向けると、相手の視線を誘導することができます。

相手の背中側に手をサポートするように置けば、あなたが、相手を、あるいは、その場を完全に仕切っているように見えます。

2つめの使い方は、「ようこそ」と訪問者を迎えるときです。**相手のほうに手を出して迎え入れるこのしぐさは、歓迎の意を大胆に表すことができ、自分のほうは受け身である余裕を感じさせます。**さらにその後、相手の手をとり、握手をする動きにつながっていくことが連想されて、スマートに見えます。

実際に相手が海外のお客様の場合には、握手が最初のあいさつになりますから、この通りの順番になります。プロトコールマナー（国際儀礼）では、握手をするときは、右手を上位者から下位者に出しますが、ビジネスシーンでは、ほぼ同時です。

この2つのシーンの使い方のように、必ずしも実際に相手の手をとったり、背中に手を触れて支えたりしなくてもよいでしょう。

このように手を使うことによってつくりだされる気遣いのある態度から、自然と親しみやすさが相手に伝わり、ハンサム美人に見せてくれます。

手のひらの角度がメッセージを伝える

手をさしのべるしぐさで、穏やかさを感じさせるポイントは、相手のほうに体をゆっくりとカタムケルことと、手のひらの角度です。受けたものを、もれなくこぼさないように、手のひらがゆるく内側に曲がっていれば丁寧な人に見えます。

この手のひらの角度のお手本があります。

ルーブル美術館に収蔵されている『アテナ神像』という古い彫像を見ても、左の手のひらはやわらかくまるみを帯び、それに合った穏やかな表情をしています。

この真逆は、東大寺の運慶作「金剛力士立像」『阿形』です。仏敵が寺院内に入り込むのを防ぐため、手のひらを反り返して、相手を突っぱねるように威嚇しています。

手の動きは、相手に何かしらのメッセージを伝えます。

ドミニク・フランコ
『アテナ神像（Athena of Velletri）』（ルーブル美術館）

運慶「金剛力士立像」『阿形』（東大寺）

日本人は、欧米の人に比べると、コミュニケーションに身振り手振りを使う習慣が少ないといわれます。しかし、小さいころを思い出せば、人は誰でも、言葉を覚える前に、手でペタペタものを叩いたり、なでたりして感触を確かめていました。手のひらを上にして、相手に向かってさしのべるのは、どんな人をも受け入れる、これからのダイバーシティの世の中に必須のしぐさといえるかもしれません。だからこそ、ハンサム美人は、手を意図的に使うべきだといえます。

実際、手を意図的に使うか使わないかで、相手に与える印象に差が出る例があります。

テレビで、政治家や著名人が、取材陣の待ち構えているところに登場するシーンが流れるのを、目にしたことはありませんか？　目にされたことのない方は、今度、注力して見てみてください。手を使っているかいないかで、印象に差があることが感じられるはずです。

政治家や著名人で人気のある人、あるいは影響力のある人は、待ち構えている記者たちに対して、「どうも」あるいは「ご苦労さん」というように手のひらを向けます。

一方で、ぶっきらぼうに、迷惑そうに、何もしないで通り過ぎる人もいます。

もちろん、マスコミに対して、実際にその人が何か発言してよい権限を持っているときと、そうでないときはあるでしょう。それでも、こちらが目に入っていないような態度は、見る人を不安にさせます。何も答えられないとしても、手をあげて、「今は何も言えない」「ダメダメ」というようなサインをしてくれる人は、人気がある人です。

手をあげることは、少なくとも相手の存在に気づいているという合図です。手の動きだけで、あたたかみを伝えることはできるのです。

Handsome Rule 2

ハンサム美人は、リーダーシップを感じさせる

手と指で意志と繊細さを表現する「ポイント・フィンガー」

人差し指を上に向けてまっすぐに立てると、リーダーシップのあるハンサム美人に見えます。

何かの説明をしているときや、会話の中で、大事なところを喚起するときに便利なしぐさです。「ポイントはここです。これから話すことに注意してください」といった言葉に伴って使います。

人差し指は頼りになる指で、親指と何かをつまむときに便利です。傘をさしたときに、シャフトに人差し指を添えるだけで安定するように、ちょっとした支えにもなります。

そして、人差し指は、「人をさす指」という名前のとおり、「使命」「指図」「印をつける」などといった方向性を表します。

ライス元国務長官の指は、リーダーシップと強い意志を感じさせる

「この指とまれ」あるいは、「静かにしなさい」という合図などで、小さいころから見慣れたしぐさです。

ジェスチャーとして、そのまま、指を数字の「1」に見立てる場合もあります。

広告にこのしぐさが使われるときは「私たちはこの業界のナンバーワンです」というメッセージにもなります。

人差し指が方向性を表すのは、多くの絵画にも見て取れます。

レオナルド・ダ・ヴィンチが描いた『洗礼者ヨハネ』は、真上を指し、指南者のキリストを指しています。

そして、人差し指が伸びているのは、方向性の指示や暗示だけではなく、指が整然ときれいにカサナッているという点が重要です。

指先がそろっていないと、何かの作業中のように見えて、目立ってしまうのです。

次のページのそれぞれルーベンスとティツィアーノが描いた高貴な女性をご覧ください。どちらも澄まして絵画の中におさまっていますが、指先がばらばらなルーベンスの絵の女性のほうは、なぜか品がないように見えてしまいます。

ウインドウの中で、止まってポーズをしているマネキンも参考になります。多くの場合、男性のマネキンが、軽く手を握っているのに対し、女性のマネキンは、人差し指が伸びています。

つまり、特別な人でなくても、人差し指がきれいに伸びているだけで、細部まで心が行き届いたハンサム美人に見えるのです。

ルーベンス『アンヌ・ドートリッシュ』
（ノートン・サイモン美術館）

レオナルド・ダ・ヴィンチ『洗礼者ヨハネ』
（ルーブル美術館）

マネキンの手先は指がそろっていて、美しい

ティツィアーノ・ヴェチェッリオ『美しい婦人』
（パラティーナ美術館）

４つの手順で美しい指先をつくる習慣を

では人差し指を美しく伸ばす方法を説明します。
次のページの４つの順番で指先をつくってみましょう。

ホワイトボードの前で、この手のしぐさで、まっすぐ上を示せば、啓発を促します。背筋を伸ばし、厳しい雰囲気をつくりだしながらも、丁寧さを忘れない様子も表すことが重要です。

また、デスクで書類を指し示すときに、この手のしぐさを意識すると、ピンと伸びた指先と、前のほうに少しカタムケたなだらかな姿勢が合わさり、エレガントなハンサム美人に見えます。

さらに、オフィスの中で、デスクに座っている相手に話しかけたり、何かを指摘したりしたいときも、人差し指を効果的に使うと、美しく、ハンサムです。美しい指先と斜めにカタムケた姿勢が、スマートな印象になるからです。

1

まず手のひらを広げます

2

人差し指の先から対角線にペンなどを置き、
それを軽く握ります

3

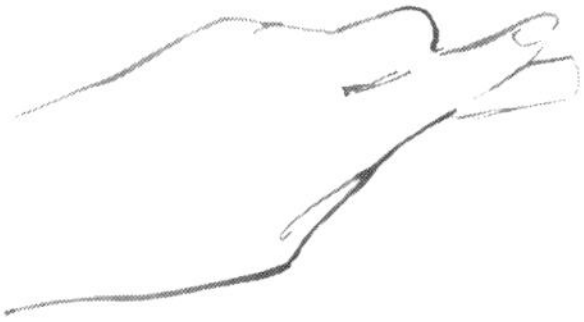

手の甲が見えるようにします

4

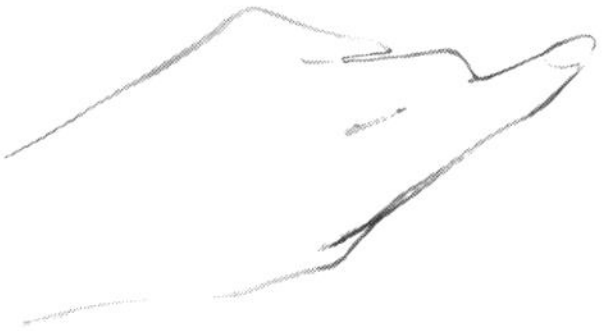

ペンをゆっくり抜いていけば
人差し指はきれいに伸びています

書類を指し示す

腕の角度は90度を意識し、
上体はやや前傾になるようにカタムケル

座っている相手に説明する

指先は美しく伸ばしながら、視線は相手にあてる

モノをつまむときも、人差し指を立てるとハンサムに見える

服などの襟を直すときには、布をつまむ際に、人差し指は立てたまま、親指と中指ではさみましょう。常日頃、ものをつまむには、人差し指を曲げて親指とではさむことが多いものですが、そのしぐさは、あまりエレガントではありません。豆でもつまんでいるように見えるのです。

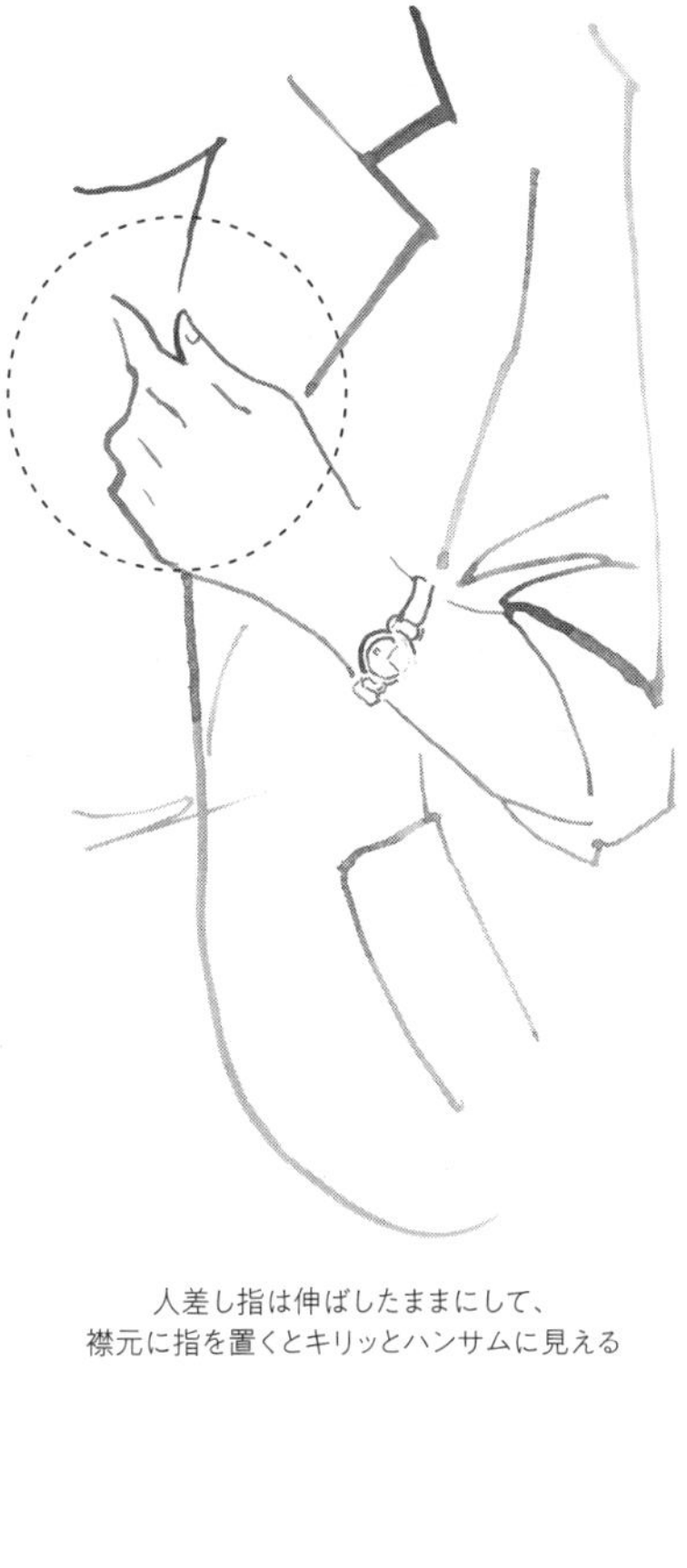

人差し指は伸ばしたままにして、
襟元に指を置くとキリッとハンサムに見える

Handsome Rule 3

ハンサム美人は、肘を立ててキリッと説得する

一の腕を垂直に立てる「肘立てトーク」

誰かと会話をしたり、説明したりするときにおすすめのしぐさです。

机の上に、片肘をピンと立て、体を斜めに少しカタムケルと、キリッとしたハンサム美人に見えます。

相手が目上の人や、取引先との商談ではふさわしくありませんが、対等の立場での話し合いでは、説得力が増すしぐさです。

私たちは、座って相手と話すときに、話の内容にかかわらず、両腕の一の腕を自分の胸の前に出し、手をカサネルことが多いものです。これは品のあるしぐさですが、受け身の姿勢となります。

力強く話すときには、片肘をついて、一の腕を立て、反対側の肩を後ろにヒネリます。その反動で、上体が前にカタムキます。ボクシングのファイティングポジショ

肘を支点にして一の腕を立てて話す

ンと同じです。立てた一の腕は、楯のように自分を守り、相手に向けるときは、槍を投げるようなイメージで前後に動かします。

この話し方がシャープに見えるのは、肘をついた腕の肩甲骨と肩が固定されるからです。

肩甲骨は可動域が広く、上下、左右、前後の6方向に動くので、肘を固定せずに腕や手のジェスチャーを使うと、上半身もつられてフラフラ揺れて迫力が出ません。

この「肘立てトーク」は、立った状態でも同じように使えます。腕組みをしてから上になった腕の一の腕を立てればよいのです。下になった手はひらいて、逆の肘を支えれば、安定します。立ち話で落ち着かないときも、この体勢なら、自分の体を守りながら、相手を強く説得することもできます。

この姿勢は、モデルの写真撮影でも、よく使うしぐさです。胴体にカサネタ腕がウエストラインをつくり、上に上がった手は顔の方向を指すので、自然と写真を見る人の目線が顔に集まります。

肘の受け皿をつくり、肘を立てて話すことで、安定感を出す

肘を立て、その手にペンを持ち、額に接触させると美しい

考えごとをするときも、デキる雰囲気を出す

「肘立てトーク」ポジションは、誰かを説得するときばかりでなく、自分を説得するときにも使えます。

たとえば、なかなか企画書を書き出せないときなど、肘をついた手でペンを持てば、かっこうだけでも様になります。

ようは、自分をその気にさせる気分をつくっているわけですが、ガッツポーズと同じく、気合を形にできれば、意欲は湧いてくるものです。

Handsome Rule 4

ハンサム美人は、ときに強く言える

自信をアピールする「手刀トーク」

手のひらを縦にカタムケて、空間を手刀で切るようなジェスチャーを入れると、鋭さが出て、ハンサム美人に見えます。

会議や打ち合わせなどで誰かと話すとき、キレよく、鋭く、パワフルなイメージで会話を進めることができます。

発言に力強さが出て、自分の意見に自信を持っているハンサム美人に見えるのです。

実際、このしぐさは、記者会見での説明や討論などでよく登場します。

また、会話中に、相手の話を止めたいときにも有効です。力強いアクションである一方で、言葉でさえぎるよりも、配慮があり、丁寧に見えます。

ハンサム美人は、きっぱりした態度をとることを厭わない人ではありますが、そ

強さや説得力を出したいときに効果的な手刀トーク

れでいて嫌われないのは、こういった動きを自分のものできるからです。すっきりしていて、しつこくないのです。

「手刀トーク」は、海外では、その動きが空手チョップをイメージさせることから「チョップトーク」といわれ、パワフルな話し方のひとつとして例えられています。

チョップトークを繰り出す
アメリカのトランプ大統領

実際、アメリカのトランプ大統領は、このチョップトークのボディアクションを戦略的に使っています。就任前は演台のふちをつかみ、片肩を下げ、挑みかかるようなスタンスをとり、手刀に体重をかけて切り下ろすように話していました。

一方、対立候補者の一人、ジョン・ケーシック氏も、連発するように、何度も手刀を繰り出し、テンションがエスカレートすると両手を使っていました。

実はこのキレのよい手刀のしぐさは、自分に注意を促すときにも使われています。鉄道の運転士さんが信号で安全確認する「指差喚呼」でも使われています。

目で見て、腕を伸ばし、指でさして、「〇〇〇、ヨシ！」と声に出して言っています。動きに合わせて、耳で自分の声を聞く確認動作で、安全性を高めているのです。

つまり、この動きは、自分に対しての確認をも促し、よりミスを減らしてくれるのです。

Handsome Rule 5

ハンサム美人は、聞き上手で、面倒見がよい

体をヒネリ、脚で本音の位置を探る「ハンサムアングル」

相手とコミュニケーションをとるときに、脚を置く位置で距離感を調整するとハンサム美人に見えます。

もしあなたが、相手から相談されたら、相手に一歩踏み込んで近づいてから、30度くらいヒネッた位置に立つと、双方のコミュニケーションが取りやすくなります。またその話し込んでいる姿は、あなたを面倒見のよいハンサム美人に見せてくれます。

正対すると、おたがいに目線がはずせなくなり、かえって緊張してしまうものです。また、近距離で向き合っている姿を第三者が見た際、まるで周りに聞かれないように秘密の話をしているようにも受け取れてしまいます。

そのため、互いに斜にかまえるほうが、相手の表情を読みやすく、本音を話したり、聞いたりしやすくなり、風通しがよくなります。

角度30度で相手との距離をとると
風通しがよくなる

正対すると、
どこにも逃げ場がない印象に

一方で、相手から嫉妬されたり、攻撃されたりしそうな気配のときも、脚の位置で風通しをよくすることができます。

この場合は、相手から60度以上ヒネッた位置に脚を置きます。

向かい合わないようにすることが大切です。

相手と体を斜めに開いて話すことで、相手の攻撃を体ごとかわすことができます。

私たちはスピードを競うときは、相手の真横に立ちます。力を比べるときは、向かい合います。

これはどちらも勝敗がつく関係ですが、正対して目が合っている状態のときは、一瞬でも目を伏せたほうが、劣勢になります。

この問題を解決するためには、話を聞くときや、相手から攻撃されそうなときは、その人の正面ではなく、ヒネッたところに位置すればよいのです。相手の攻撃を弱めたり、受け流すことができます。

私たちは本当に怖いものに近づこうとするとき、顔を含め上半身は平気を装っても、足はすくみ震えて前に進むことができません。**脚の位置こそ、本音といえます。**

そのようなことからも、相手との距離は、上体ではなく脚の位置から考えましょう。

敵対しそうなときは
角度60度で相手との距離をとる

Handsome Rule 6

ハンサム美人は、信頼をさりげなく目線で伝える

視線を相手にピタッとカサネル「目線パトロール」

ハンサム美人は意思的に相手に視線をカサネます。

信頼の意をこめて、すこし長めに相手を見つめたまま、次の行動に移ります。

目が合った人は、自分が注目されたような、励まされたような気分になり、あなたのことが気になります。自分にだけ特別なメッセージを送ってくれたと思うからです。

「眼《がん》をつける」との違いは、睨んだまま、止まっていないことです。

また、セクシーな意味を含む流し目とも異なります。「媚び」は含まないからです。

あくまでも、目線に信頼、応援の意をこめます。

たとえば、オフィスの中を歩いていて、新人や後輩、同僚に「どう?」と軽く目を合わせ、そのまま少し歩いて通りすぎてゆくだけです。

大勢の中にいる一人に、
ピタッと潔く視線をあてること。
流し目にはしない

この視線のあてかたは、ファッションショーのモデルの歩き方、目線の配り方が参考になります。モデルはランウェイを歩いてきて、正面のトップで一瞬とまります。ここで写真を撮られるからです。

そのあと、ターンをして帰る間際に、少し正面に顔を残してから、後ろに歩き出します。それがインパクトとなり、服の印象を残す効果があるからです。

ですから、オフィスをランウェイだと思って、歩いてみるのもよいでしょう。

実際に、これはビジネスにおいて効果のあるしぐさです。

ある外資系金融会社の新任部長は、自分より在勤の長い部下の気持ちをつかむために、部下に「何か問題はない？」と

ランウェイを歩くモデルは視線を少し残してターンする

いう親愛の意をこめた視線をあてながら、このオフィスのパトロールをしたそうです。

すると、部下からは「親しみやすく、いつも自分のことを気にかけてくれている上司だ」と評価され、話す機会が増えたのでした。

相手に、「しっかりあなたを見ています」ということを伝えるときには、言葉よりも、こういったダイレクトなしぐさのほうが、インパクトがある場合があります。

視線だけで、誰かを特別に応援したい、支持したい、コンタクトを取りたいなどというメッセージを送ることができる人は、ハンサム美人にちがいありません。

Handsome Rule 7

ハンサム美人は、自分のことだけ考えていない

スケールの大きさを表す「全身バルコニー・ポジション」

さて、本レッスンも終わりに近づいてきましたね。ここで、体の部位ごとではなく、全身を意識したハンサム美人なしぐさを紹介しましょう。

細かい部分も大切ですが、自分のしぐさや姿勢を俯瞰して見ることもとても重要です。

ハンサム美人とは、こせこせ、せかせか、小さい考えにとらわれず、ゆとりや余裕を感じさせる人です。その人の周りには、つねにエレガントでよい香りのするゆったりとした風が吹いている……そんな雰囲気をまとった人。

そのようなハンサム美人に見せるしぐさ「バルコニー・ポジション」とは、姿勢をカタムケ、注意対象から距離をとるという動きをします。

「バルコニー・ポジション」とは、ダンスフロアでみなが夢中になって踊っている

ときに、「バルコニーに上がり、全体を見渡し」冷静に、何が一番大事か考えるという感覚のことをいいます。(『最難関のリーダーシップ』、ロナルド・A・ハイフェッツ、２０１７年、英治出版)

では、カンタンにできる、具体的なバルコニー・ポジションのしぐさです。

ふだん自分が使っているスペースを、常よりも広くとると、余裕のある雰囲気が出て、スケールの大きなハンサム美人に見えます。

たとえば、パソコンの前に座っている時間が長く、少し休憩を入れるというときは、日常でたくさん訪れることでしょう。

このようなデスクでのブレイクタイムでは、なんとなくインターネットを見たり、デスクでぼんやりしたり、隣に座る同僚と話したりするものです。

そんなときこそ、バルコニー・ポジションです。

まず、上半身を起こすように背中方向にカタムケ、パソコンと顔の距離が少しあくようにします。

ディスプレイの上の端より目線は高くし、ディスプレイとの距離は40㎝以上とるのが理想です。

パソコンとの距離をとりながら、物理的にも、精神的にも、
ゆとりのある様子を演出する

仕事に追われてたいへんな新人のように見えるか、余裕のあるベテランに見えるかは、このわずかなしぐさの違いで出ます。

見た目を気にせずバリバリ仕事をしていて、パソコンに食いつくように近い姿勢は、たしかに勇ましくて迫力があります。

でも、もしインターン生が会社見学に訪れたら、どう見るでしょう。「この会社はたいへんそうだ」という記憶しか残らないかもしれません。

姿勢を調整するのが難しい場合は、ディスプレイの高さを少し上げる、あるいは椅子の高さを少し上げてみると気分が変わります。調整ができないものだったら、クッションなどを下にしくと姿勢が変わるので、ぜひ試してみてください。

距離が自分を律し、冷静にしてくれる

対象から距離をとるのは単純なことですが、距離をとるだけで、視野を広げることができます。映画館でも、少し後ろの席のほうが、なぜか映画のストーリー全体を把握しやすい気がしませんか?

実際に、私たちが感じる「スペース」は、作業の質に影響するということが、ある実験からわかっています。天井の高い空間では、新しい発想をしやすくなり、逆

に、ものを覚えるなど集中しやすいのは、天井が低い空間です。

広い場所に出た瞬間にアイデアがわいたり、狭いトイレにこもるほうが単語を覚えやすかったりした経験はありませんか？

バルコニー・ポジション習慣を持つことで、問題が行き詰まっているときに、あわてずに、少し距離をおいたり、時間をおいたりできるようになるはずです。

最初は机の上を整理するだけでもいいでしょう。優雅な気持ちになることで、動きが大きくなり、周りに与える印象もすっきりしてくるからです。

ただし、個人的なスペースを広くとろうとするあまり、ほかの人に対する気遣いを忘れてしまうこともあるので、注意が必要です。

たとえば、飛行機のシートなどを後ろに倒すときは、一度振り返り、後ろにいる人の事情を考え、挨拶するほうがよいでしょう。

Handsome Rule 8

ハンサム美人は、いつも写真うつりがよい

ハンサム美人な写真の撮られ方「エグゼクティブ・フューチャー」

体に角度をつけて、腕を体にカサネルと安定感のある写真になり、ハンサム美人に見えます。

自らの仕事を誰かに説明するときや、会社のホームページなどで、プロフィール写真を掲載することがあります。できれば、そこに写る自分の同僚や上司、あるいは家族や友人には、かっこよくあってほしいと思うものですよね。

ということは、あなたも、そう思われているということです。

パブリックに公開される写真において「きちんと感」を出すには、あるルールがあります。ここでは、個性に合わせるのではなく、いつ、どのようなときも、誰でもハンサム美人に写るプロフィール写真の撮られ方を紹介します。

自信のあるハンサムビジネスウーマンを演出

ここでは、全身の写真の撮られ方で説明します。

「私は上半身の写真しか必要ない」という方も、まず全身の立ち姿での撮られ方を知っておきましょう。というのも、この全身写真から、上半身だけを切り取る（トリミング）と考えればよいからです。座ったときも、上半身が立ち姿と同じになるようにするのが、ハンサム美人な写真として正解です。

ここでのポイントは2つ。髪型にもよりますが、**ひとつめは、写真になったときに、自分の顔が右を向くようにします。**

グラフなどを見てわかるとおり、右方向に数字は増え、未来や先を意味します。

2つめが、落ち着いた雰囲気をつくるために、体の中心に向かって視線が集まるようにすることです。自分自身も体に触れている面積が大きいと落ちつきますから、腕を組むしぐさが基本となります。

すなわち、ハンサム美人に見せるには、偉そうにならないように、しかし、未来を想像させるエグゼクティブなポーズを心がけましょう。では、具体的なステップです。

ハンサム美人な写真の撮られ方　６つのステップ

①カメラに対してまっすぐに立ちます

②左足の土踏まずのあたりに、右足のかかとにつけます。左足を斜め60度くらい後ろに引く感じです。左足が右足の後ろに半分くらい隠れるはずです

③重心は、片脚重心。支脚となる左足のかかとに体重をカタムケます。もう一方の遊脚になる右脚は、軽く膝を内側にカタムケルと、力が抜けていて自然です

④重心のかかっているほうの脚（左脚）の肩（左肩）を、後ろ側に30度くらいヒネリます。これで、上半身も立体的に見えます。顔の大きさと肩幅が比較されず、奥行きを感じさせるポジションです

⑤左の腕の肘を90度に折り、胸の下にカサネます。（Ｐ51「90度アーム」参照）左腕の上に右手をカサネます。強くカサネたり、両腕を顔に近づけて組むと威張って見えるので注意してください。左の手は軽く握り、右肘の下に隠します

⑥右手は、左の二の腕に軽くカサネます。Ｐ１３０「ポイント・フィンガー」のとおり、人差し指だけ少し上に向けると、シャープなリーダー感が出ます

ハンサム美人な「エグゼクティブ・フューチャー」

おさらいとして、細部のしぐさについてお伝えしておきましょう。
普通の腕組みと違うのは、下になった手の指を、上になった二の腕に引っかけるように出さないことです。両腕の指が出ていると落ち着きませんし、アップになると指輪やネイルなどが目立ちます。引っかけるとテコの原理で安定するのですが、いかにも楽な態勢で休んでいるような印象になります。(①)
さらに、写真を斜めから撮るとき、手首のでっぱり(尺骨茎状突起)が目立って男らしくなりすぎます。
そこで、下の腕の上に軽くもう一方の腕をのせるようにします。このほうが一の腕の直線が強調されて、キリッと上品に見えます。また、左の手は右の肘の裏側に隠して、スッキリさせます。(②)
男性も、この腕の組み方をすると、エレガントな品と優しさが出ます。
また、体を後ろにそりすぎたり、腕を高い位置で組むと、強すぎる印象になりますので、ご注意ください。

下になった手の指を二の腕に引っかけると
休んでいるよう。
上にした腕の尺骨茎状突起が目立つ

下の腕の上に軽くもう一方の腕をのせるようにし、
左の手は右の肘の裏側に隠して、スッキリさせる

LESSON 3

ハンサム美人な「着こなし」

服と自分の個性に合わせたＨＫＫの法則

ハンサム美人は、華麗に服をまとう

このレッスンでは、服だけではなく、バッグやサングラス、アクセサリーなども含め、ハンサム美人に見える着こなしを紹介します。

ハンサム美人とは、「自立している」「自分を持っている」という雰囲気のある人です。何をどう身につけるのかは、その雰囲気をつくりあげるための最初の入り口です。

身につけるアイテムに、心や体が従うということがあります。

たとえば、学生時代、学年が変わったときに、制服を着る・脱ぐといったことで気分が変わったという経験はありませんか？

また、ディティールにこだわりがあったり、質のよい服を身につけると、自然と歩きかたや座りかた、話しかたも変わります。しわをつけないように座りかたに気をつけ、シミをつけないように丁寧に食事をして、もしかしたら、そのブランドを着ていた往年の大女優に引けを取らないように上品にしゃべりたくなるかもしれません。

服の持つ力は、その服に見合うきちんとした人になろうとして、私たちのプライドに火をつけてくれることでしょう。

ところが、服の力に頼りすぎると、Tシャツのような単純な服を着たとたんに、自分がどのような雰囲気でいたらよいのか怪しくなることがあります。

当たり前ですが、アパレルメーカーのモデル・オーディションでは、クライアントから「その服を着こなし、自分のものにできているか」ということが見られます。その場で渡された服を、いつも着ているように体に馴染ませられるかということです。

いまや、同年代の方と偶然同じ服でかぶってしまうことは、普通になりました。ただデザインまかせでは、自分に対する「認知（perception）」が浅くなります。

服を着たときに、ハンサム美人に見えるか否かは、年齢、体型、気持ちの変化に合わせ、自分はどう在るかを決めることなのです。

このレッスンでは、さまざまな服やアクセサリーの見せ方が出てきますが、その全てを自分に当てはめようとするのではなく、自分らしいハンサム美人になるには、どうフィットさせるか、考えてほしいと思います。

では、ハンサム美人で、かつ自分らしさも出せる着こなしをするための動きを、同じストライプシャツをサンプルに大きく分けて3つの方向性で考えてみます。

ハンサム美人はHKKで着こなす

カタムケて、ずらす

その服をよく知っていて扱いを心得ているからこその「抜け感」

首を前にカタムケる動きで着倒している感じを出す。縦のストライプ柄が目立つように体を曲げず、脚までつながる斜めラインをつくる

カサネテ一体化する

「信頼」「落ち着き」「まじめ」

カサネル動きで服の面白みを素直に見せる。手の位置で縦ストライプをとめて、動きを出さない

ヒネリ、体を意外な方向に使う

「こなれ感」

ヒネル動きでデザインやシルエットを面白く利用。縦ストライプの線がうねって、アクティブなかっこよさを演出

社会の変化に伴い、ハンサム美人な服が求められてきた

具体的なしぐさの説明に入る前に、服と女性の自立とのつながりについて触れておきましょう。

ハンサム美人なデザインの服や着こなしがあるということは、ハンサム美人な心のあり方や生き方が求められていた背景があるということです。

「ハンサム」という言葉の源泉である「活動的な動きやすさ」という点から、いかにハンサム美人な装いが求められるようになったのか、歴史をひもといてみます。

西洋において、女性の服が軽装になったのは、出かけるときに、付添のメイドが着替えを手伝わなければならないようなドレスを着る生活に、うんざりしていたからといわれています。また、度重なる戦争において、コルセットをつけていては働くことができません。そのため、戦後は、細身の動きやすいシルエットが求められるようになりました。さらに、新しい繊維の開発で、ライフスタイルに合った動きやすい服装ができるようになっていきます。

そのような背景の中で、ココ・シャネルが男性の服をヒントに、女性向けにパンツやジャンパー、ジャケットをつくりました。その後、イヴ・サンローランがフォー

マルな装いとして女性のパンツ・スーツをつくり、フォーマルな場でも、女性がパンツをはくことに違和感がなくなったのでした。

一方、日本は明治時代に国策として西欧化された後、大正時代に庶民のおしゃれが目覚めました。都会的なモダンガールは「モガ」の愛称で呼ばれ、あこがれのスタイルになりました。産業の発展が女性の社会進出を後押しして、職業婦人が生まれた時期です。

その後、続く大戦のあいだに、女性の内面も外見も塗りかえられ、もはや胴体を拘束する和服ではなく、洋服を愛用するようになります。1949年当時には、洋裁学校が2000校もあったそうです。

戦後も、服の流れは、欧米の流行をどんどん見習うようになります。ミニスカート、どこでも座れるジーンズ、また、男女のデザインの違いのないTシャツによって衣服のユニセックス化が進みました。

正に、服が変わるにつれて、女性の生き方、価値観が変わっていったのです。

それも、法律ではなく、大衆がルールを変えたといえるでしょう。

さて、そんな歴史をくぐりぬけてきた服が、このあと登場します。愛着をもってハンサムに見せたいものです。

Handsome Rule 1

ハンサム美人はフワッとカッツカッツ、コートを着る

シーンに合わせてコートを着こなす

コートはさまざまな種類がありますが、ここでは、機能がそのままデザインになったトレンチコートを例に、コートを着こなすためのしぐさをとりあげます。

コートを着たら、早足で、いつもより歩幅を大きくとって、片足に重心をしっかりカタムケて歩きます。

そうすることで、キリッとハンサム美人に見えます。

そして、コートは雨風や寒さから身を守るためのものですから、かっこよく着るには、「本来のつくり」に従って、ベルトでウエストをキュッとしぼり、ボタンを締めるのが本来の着方です。そうすることで、コートに二列に並んでいる大きなボタンが中央により、後ろの裾が外に広がり、フラスコのようにかっこいいシルエットが出ます。

ベルトをしぼり、ボタンをきっちりしめて着る

一方で、コートの裾の広がりのダイナミックさや、かっこよさを見せるなら、軽く肩にひっかけ、ベルトをしない「肩ずらし」で、タラッと歩きましょう。

コートを肩にぴったりカサネず、着物の衿を抜くように後ろにずらし、いい加減に着ているほうが、リラックスしているように見えるのです。

通勤時や長距離を歩くときにこの着こなしだと、着崩れして、だらしなく見えるかもしれませんが、ちょっとランチに行くときなどに、この着かたでコートをはおると、ハンサム美人に見えます。

リゾート地のホテルで、部屋からプライベートビーチまで水着の上にガウンをはおるような気分が、この着こなしのイメージです。

このように、コートの魅力のひとつは、裾が体を隠してくれることと、その一方で、動くと、ヒラリと風になびいて、着ている人をアクティブでファンタジーに見せてくれることです。

実際、アニメのヒーローやヒロインは、よくコートを着ています。『ベルサイユのばら』（池田理代子、1972年、集英社）の男装の麗人オスカルは、ハンサム美人の典型ですが、軍服のコートをタップリ広げて描かれています。

近所への外出時には
さらっとはおって歩く

ハンサム美人アイテム・トレンチコートの歴史

トレンチコートは、タバコを片手に持つ刑事やギャングなど、まさに男くささのトレードマークですが、じつはその原型は羊飼いや農夫の雨風よけだったそうです。そういえば、どこか牧歌的なつかしさがただよいます。

その後、イギリス陸軍が寒冷地での戦いのために、防寒、防水仕様に改良しました。ですから、このコートの名前の由来は「塹壕（トレンチ）」なのです。ベルトについている「Dリング」は、水筒や手榴弾をつけるためのものでした。トレンチコートがカジュアルでもオフィシャルでも似合うのは、こういった成り立ちによります。

そして、軍服がルーツの服は、体の弱い部分をカバーするようにできているため、機能美としてデザインに無駄がありません。

幅の広い襟は、立ててのどを守る「スロートラッチ」。手首から入りこむ風を防ぐ「カフストラップ」。ウエストにしっかり服を固定する「ベルト」。このすべてがアクセントになり、見た目をキリッとさせているのです。

これだけの用途が装着された分、颯爽と歩かないと、本当に塹壕から這い出て、手榴弾をウエストにつけたまま歩いているように見えてしまうので、気をつけましょう。

体を少しヒネリ
コートに袖を通す

エスコートにまかせてコートをはおる

さて、コートは、レストランの従業員やパートナーに、着せかけてもらうと、とてもハンサムに見えます。

帰り際に、パートナーが気がつかなかったら、「お願い」と言って相手にコートをわたし、着せてもらいましょう。

そのあとで「サンキュ」というふうに彼の腕を軽くとり、店を出れば、映画のワンシーンのようです。

Handsome Rule 2

ハンサム美人は、スポーティーにニットを着る

ニットのゲージを意識して着こなす「ヒネリゲージ見せ」

ニットは、糸をヒネッて「ループ（輪）」を編みつなぐことでつくられているので、伸縮性が強く、動きやすい服です。その凹凸は、編み目の「畝（盛り上がって見える筋）」によってつくられます。

そして、「ゲージ」とはこの編み物の目と段の数のことですが、ニットを着たときに、ヒネル動きが入ると、ゲージにうねりが出て、着ている人をハンサム美人に見せてくれます。

本来ニットは、女性らしさを強調するアイテムですが、体の動きによってこのゲージの隙間が「抜け感」をつくり、ニットをハンサムなアイテムに変えるのです。

ゲージの性質からいうと、段の数が少ないローゲージ・ニットは、編み目や凹凸模様がざっくりしているため、飾らないハンサムな雰囲気になります。その逆に、目が細かくつまったハイゲージ・ニットは、品がよく優しいイメージになります。

ざっくりしたゲージの
ヒネリを出して着る

このヒネル動きとは、特別な動きではなく、日常でしゃがんだり、寝そべったりする動きのことです。床に直に座ると背中に優しいまるみができます。椅子に座るときも、ソファなどは体の凹凸が出やすくなります。

具体的には、軽いスポーツ、バーベキュー、山登り、サイクリング、室内だったら、子どもと遊ぶときにもヒネル動きが多く、このようなときにニットを着ていると魅力的です。

アーガイル柄（アーガイル地方が発祥とされるひし形の柄）のベストなどは、学生にお馴染みのアイテムですが、最近は、アイドルグループが制服にしたりしています。こういった連続性のある柄ものは、柄が変形しないように、体をヒネラず、姿勢よくすごすのが適当です。

ハンサム美人な「ディレクター巻き」は、薄手のニットを選ぶ

セーターやカーディガンを肩に軽く巻くハンサム美人な見せかたもあります。元々の流行のきっかけは、ハンサム美人なアイコン、アメリカのジャクリーン・ケネディのスタイルを「プレッピー（名門私立学校に通学している良家、お金持ちの子息に対する俗称）」たちが真似をしたそうです。

そして、日本においては、テレビなどのマスコミ業界の男性がこの着こなし方をすることで知られていました。カジュアルな服で従事できる仕事がまだない時代、「スーツを着ないでもいい人々だ」という嫉妬の念から、「ディレクター巻き」や「プロデューサー巻き」などと呼ばれました。

この着こなし方は、肩幅のある男性がすると、ニットのソフト感により紳士的な雰囲気が出て、ときにセクシーに見えるのです。

女性の場合は、肩が強調されないように、薄手で厚みの出ないものを選び、片ほうの肩にボリュームをよせれば、ハンサムになります。

「ディレクター巻き」は薄手のニットを選び、ボリュームを片方によせる

ニットのハンサムな歴史

ニットは大人しいイメージのある服ですが、もともとは伸縮性があり、動きやすいことが特徴です。

実際、ニットの代表的な服である「セーター」が一般的に着られるようになったのは、スポーツウエアとしてでした。セーターの英語スペルは"sweater"で、語源は、「汗」です。なんと、汗を吸わせるのが目的ではなく、アメフト選手に汗をかかせて減量させるためのものでした。

さらに、女性服の動きにくさから、女性のデザイナーが自分たちも着られるスポーツウエアをニットでつくりました。動きやすいリゾートウエアとしてセーターの人気が定着したことで、その後女性がデザイナーとして活躍する土壌にもなりました。「ニットの女王」といえば、フランスのデザイナー、ソニア・リキュエルですが、彼女は妊娠したときに、着たいマタニティウェアが見つけられず、自分でセーターをつくったのが、デザイナーになるきっかけでした。

こうしてみると、もともと運動着だったセーターが、女性の活躍の場をつくってきたなんて、なかなかハンサムな話ですね。

Handsome Rule 3

ハンサム美人は、サングラスをはずして魅せる

視線をずらす「あっち見」「相手見」

サングラスをはずすときに、視線に角度をつけると、クールなハンサム美人に見えます。

サングラスの目的は紫外線や人の視線などから「隠れる」ことです。本質は、他者から観察されることを避けながら、自分は観察していることにあります。

ところが、サングラスをかけている人は、目の表情が読めないのでミステリアスな雰囲気になります。隠れるどころか「誰なんだろう？」というように目立ちます。ですから、普通の度付きメガネをはずすのと同じようにはずすと、興ざめです。

サングラスをはずすときは、少し周りを見て状況を確かめるように、さりげなく気取ったほうが、ハンサム美人に見えるのです。

ハンサム美人は、「あっち見」ではずす

はずすときに顔をカタムケた下方向とは逆側に目線をクロスさせて、目の前ではない「あっち」の方向を見ます。

あっちとは、「焦点が定まってはいないけれど、遠くはない自分の未来」といったイメージです。

力の抜けた決意が感じられて、どこかハンサムに見えるのです。

ハンサム美人は、「相手見」ではずす

サングラスをはずす前から相手を直視しておきます。

たとえば、もし、自分のことをずっと見ている人がいたら、相手から顔を逸らさずにサングラスだけ下におろします。

「ずっと気づいていたのよ」というように。

サラッときっぱりしたハンサム美人に見えます。

小道具として
サングラスを使いこなす

はずしたサングラスで余韻を持たせる

お店や室内に入り、サングラスをはずしたら、すぐにしまわないで余韻を感じさせましょう。顔の近辺やデコルテのあたりにサングラスをカサネルように持って、メニューを選んだり、話したり、ごく普通のしぐさをします。光を透過したレンズが、髪の色と合っていたりすると、ハンサム度がグッと上がります。

はずした後も「フレーム（テンプル）」ががっちり厚ぼったいものは、バッグや胸元にさすと、ハンサムなアクセントをつけることができます。

ハンサムというより、ユーモラスな

気分を出したいときは、頭にさしてもいいでしょう。

さりげなくサングラスを日常に取り入れる

室内や日差しが強くないところで、サングラスをはずさないと、芸能人のように格好をつけているイメージがありますよね。

その「室内でもサングラス」のオリジナルは、ハリウッド俳優が、フラッシュの閃光から目を守るためだったようです。

とくに日本人にとっては、どんなときにサングラスをかけるのかは、難しいところですが、気合が入っているように見えると、その場から浮いてしまいます。

そのようなことから、ハンサム美人は、さりげなく使うのがベスト。

たとえば、長時間の車の運転や、軽装での近所の犬の散歩、ちょっとした買い物などのときに、サングラスをかければ、ハンサムに見えます。

どんな形のサングラスがハンサム美人に見えるのか？

アメリカのセレブリティを顧客に持つ人気スタイリスト、レイチェル・ゾーは、「暗くて大きいのが、いつもグラマラス（魅惑的）」と言っています。

ただし、これは、顔の骨格がはっきりした人だけにあてはまります。

日本人の場合、サングラスのレンズの色は目の表情が少し見えるくらいのほうがナチュラルです。実際に、サングラスのレンズの色が薄いと「分別がある」「知的」、濃い色のレンズのサングラスは「親しみにくい」「知的に見えない」と受けとられるといったデータもあります。

フレームの形は、厳密には顔に合わせますが、極端につりあがった「キャッツアイ型」や、下がった「ティアドロップ型」はカジュアルな雰囲気になります。

横に長い「オーバル型」「スクエア型」でも、縦に長い「ボストン型」や「ウエリントン型」でも、眉毛が全部隠れてしまうと表情がわかりにくくなり、ミステリアスに見えます。

まん丸の「ラウンド型」は、普通のメガネだとレトロ調でやさしい印象になりますが、濃い色になると人を寄せ付けない雰囲気になります。

Handsome Rule 4

ハンサム美人は、バッグを小粋に持つ

バッグは「脇しめ」

ＴＰＯに忠実なバッグを、体にピタッとつけて持っているとハンサム美人に見えます。

持っているバッグがＴＰＯに合っているかどうかは、とても大事です。

職業にもよりますが、仕事で使用するものは、軽く、通勤に邪魔にならない程度で「大きめ」のバッグだとハンサム美人に見える傾向があります。

逆に小さなバッグになればなるほど、通常のビジネスシーンでは不釣り合いになります。仕事で使うバッグがかわいく小さいと、アフターファイブのほうがメインになっているような気配がしてしまうからです。

一方で、デートのときに、大きなバッグを持っていると、他に何か用事がありそうに見えて、落ち着きません。

いずれも、バッグを持つときは、脇をしめます。

持ち手をぶらさげたり、肩にかけたり、腕に通したりするときは、革製でも布製でも、自分の体から離れないように、体にピタッと沿わせて持っていると、大事なものが入っているように見えて、頼りになりそうな雰囲気が出ます。

バッグをピッタリ体につけて持つ理由は、重心を自分の中心に保っているほうが、歩くときにブレないからです。バッグが体から離れれば離れるほど、その方向に重心をとられ、ドタドタした感じに見えます。

脇をしめて、バッグを体にピッタリとくっつける

大きなバッグを持つときは、重心が下にくるコーディネートを

バッグ自体に高さがあるトートバッグなどは、下側に視線が引っ張られます。このように、バッグが目立つ大きさのときは、コーディネートをバッグに合わせるかたちで考えましょう。体から離れていないように見せるには、ボトムはワイドパンツやマキシ、ロングスカートなどの「重心が下にある服」が合います。

大きいバッグのときは、重心が下にくる服を選ぶ

誰かと待ち合わせのときは、バッグは真横ではなく、自分の体にすこしカサネルように持っていると、全体のシルエットがすっきりしてハンサムに見えます。

ショルダーバッグは、後ろに重心をずらして持つ

ショルダーバッグは、もともと自転車に乗りながら持てるように開発されました。ショルダーバッグのように機能性に富むバッグは、その使い勝手の良さに従って使っていれば、持ち主も合理的な人に見えます。

肩にかけるものは、すこし重心を後ろにずらすと、手がバッグの前になり、横に広がらず、シャープな印象になります。

ショルダーバッグは後ろにずらして持つ

体に合うサイズのバッグを持つことが、ハンサム美人への近道

最後に、自分にピッタリ合うバッグの選び方について、お伝えしておきます。

何はさておき、自分の体型に合うサイズが、一番のバッグと考えましょう！

中に入れるものによってマチは変化するので考えないとして、最適なバッグの横幅の基準は、自分の肘から手首まで（一の腕）です。この幅の中にバッグの横幅が収まっていると、プライベートで使うものは、ちょうどよいバランスになります。（①）

また、最適な高さは、折った肘にぶら下げて、底が股の付け根にくるぐらいの長さです。（②）

体型にもよりますが、仕事で使うバッグは、書類などを入れやすいように一の腕のサイズ（①）よりも横幅が大きいものになります。高さは身長に合わせて考えます。バッグの種類にもよりますが、「大きめ」とは、バッグの底辺までの長さが、一の腕（①）を超え、指先ぐらいまであるものです。仕事で使うものは、大体この大きさです。（③）

一方、一の腕の長さ（①）以下の高さのバッグはクラッチなども含め、小さめサ

イズになります。バッグを買うときに、さげてみてつりあいを確かめましょう。

これは、私が数多くの写真撮影にかかわってきた経験からの個人的指数です。なんと490年前に、人の理想的なプロポーションを数値で決定しようと試みたアルブレヒト・デューラーに敬意を表し、遺著『人体均衡論四書』を参考にさせていただきました。

体に合うバッグのサイズの測り方

Handsome Rule **5**

ハンサム美人は、ジャケットを腰で着る

ハンサム美人なジャケット「ウエスト・ドレープ」

とくに仕事において、女性がジャケットを着る場合、男性の仕事着に準ずるという考え方があります。スーツ姿の男性と一緒に打ち合わせに行くときに違和感のないデザイン、色といった意味です。

ここでは、スーツの上着も含めて「ジャケット」と呼びます。ジャケットを着る場面を考え、どういったハンサム美人な見せかたができるのか、考えていきましょう。

さて、ジャケットは、「腰で」着ることを意識してください。ジャケットの形態に合わせて、腰のしぐさを変えると、ドラマチックでハンサム美人に見えます。

女性のジャケットの美しさは、ウエストの絞りから、ヒップまでの広がりといえます。

そもそも、女性がジャケットを着るのは、17世紀からです。当時、ジャケットは「乗馬服（riding habit）」でした。その原点を見ても、やはり魅力は「裾の広がり」といえます。

ジャケットがポピュラー化したのは、男性の軍服が発祥ですから、女性が男性と同じように着てしまうと、ハンサムにならず、ただゴツい印象になってしまいます。ですから、最初に考えたいのは、男性と女性の腰とヒップのシルエット（凹凸）の違いです。腰とヒップの比は、男性が9対10なのに比べ、女性は7対10です。この30度のカタムキの違いが女性らしさといえるでしょう。

では、3種類の代表的なジャケットのシルエットに合うハンサム美人な着こなしとしぐさを見ていきましょう。

次のページであげるしぐさは、たとえば、立ち話をしている、スマホなどをチェックしているシチュエーションをイメージしてください。

ハンサム美人なジャケットの着こなし

ミディアム丈ジャケット

（ヒップが半分隠れるぐらいの丈）

膝丈スカートと合う。その分、脚が目立つので脚の隙間がパカッとあかないように注意。重心のかかっているほうの脚に、もう一方の脚をカサネ、両脚をクロスさせると、身長が高く、スタイルのよいハンサム美人に。

ショート丈ジャケット

（ヒップが出るぐらいの丈）

カジュアルな装いに合うジャケット。たとえばボトムスをデニムなどにするときに、片脚に重心をかけ、重心のかかっている側の肩を後ろにヒネル。つまり、正面から見て、斜にかまえている感じで着こなすと、ハンサム。パンツのポケットに手を入れても、様になる。

ロング丈ジャケット

（ヒップがすっぽり隠れる丈）

ボトムスがパンツでもスカートでも片脚に重心をカタムケる。重心ののった脚のほうのウエストカーブが強調され、ジャケットの裾が腰のカーブに沿ってフワッとひろがりエレガントなハンサム美人に。棒立ちで着ると、まるで割烹着を着ているかのような印象に。

ジャケットのハンサムな歴史

西洋で女性が男性の格好をするということは、男性と女性の差がない着物文化の私たちには想像できないほどの変化だったようです。

旧約聖書の中には「女は男の着物を着てはならない」とあります。ジャンヌ・ダルクは処刑されるときに、異端である証拠も自白もなかったにもかかわらず、結局、戦場や捕虜になっている間に男装をしていたという理由で処刑されたほどです。

そのような西洋文化の中で、女性が男性の服を着て「マニッシュ」にしゃれることが、1920年代に流行しました。当時流行った小説にちなんで「ギャルソンヌ」と呼ばれましたが、「裕福な人が貧しく見せるスタイル」といわれるなど、真から似合ってはいなかったということです。

その後、1930年には、マレーネ・デートリッヒが映画『モロッコ』（ジョセフ・フォン・スタンバーグ、1930年、米国）で男装の麗人を演じます。このあたりから、グレタ・ガルボをはじめ、女性の男装化は妖しい魅力があることが、はっきりしました。それが、イヴ・サンローランによって、「スモーキング」というパンツとジャケットを合わせて着るスタイルに発展します。「タキシード・ルック」と呼ばれ、ユニセックスな魅力の路線がつくられました。

本当の意味で、女性が男性の象徴的なスタイルであるスーツを着こなすのは、さらに後のことです。ウーマンリブ運動（60年代後半～70年代）において、女性解放の一環として、自分の仕事を選ぶという考えが生まれ、「キャリア・ウーマン」という言葉が生まれました。

イヴ・サンローランのタキシード・ルック

その後、80年代には、肩パッドの入ったパンツ・スーツが流行ります。真の女性らしいシルエットのジャケットは、「リラックスできる」という意味で、90年代のイタリアのブランド、アルマーニの登場を待つことになります。

もはや女性がジャケットを着るのは当たり前になったといえますが、じつはこのような深い歴史があったのです。

ラフにジャケットを着るときは、体をキリッと保つ

ジャケットの袖に腕を通さずに、肩にひっかけるようにしてはおると、粋なイメージになり、ハンサムに見えます。

歩いているときは軽やかに。止まったり、座ったりしているときは体はヒネラずまっすぐに、ジャケットだけカタムケます。

バーのカウンターで似合うしぐさで、ちょっと休憩して、長居をしない雰囲気がハンサムです。

ちなみに、「ラフ(rough)」とは「形式張らず、気取らない様子」です。

カジュアルとは、服の種類で普段着のことをいいますが、ラフとは、カチッとしたものを崩して着る着こなし方です。

歩くときは軽やかに、
座るときは体をまっすぐに

Handsome Rule 6

ハンサム美人ファッションに、「巻きもの」は欠かせない

多様性を演出する「スカーフ・バリエーション」

首に緩急をつけてスカーフやストール、マフラーを巻くと、ハンサム美人に見えます。

本来、首に何かを巻くことは、防寒や身体で弱い部分を守るのが目的でした。首は脳と胴体がつながる重要箇所で、冬場は、外出時に急に頸動脈を冷やさないという目的もあります。

その一方で、いつからか、飾りの要素が大きくなりました。だからこそ、巻き方ひとつで、雰囲気の微差が出ます。

参考にしたいのは、フランスの政治家、クリスティーヌ・ラガルド氏です。彼女は、シンクロナイズド・スイミングのナショナルチームに入った後、弁護士となり、その後フランスの財務大臣を務めあげました。

ハンサム美人な女性の代表格と言える女性であり、いつも一味違うパリジェンヌのハンサムスカーフスタイルを見せてくれます。

ここでは、スカーフや巻きもので、どうハンサムのニュアンスを変えられるか、代表的な3つの巻き方から考えてみましょう。

クリスティーヌ・ラガルド氏のストールの巻き方はいつも美しい

ハンサム美人なスカーフの巻き方

「タラン」と垂らす

首や肩にかけて、そのまま垂らすと、自由で束縛されないイメージになり、「サラッとクールなハンサム美人」に。大胆な柄のスカーフは、そのまま柄の主張が出るのでパワフルに見える。

高く厚く
キュッと巻く

首にキュッと重ねて巻くと、首の動きが安定して、「キリッとしたハンサム美人」に見える。

巻いた布の柄の色味が混じることで、面白さも出る。

ボリュームが上のほうに出ることで、顔に目がいくので、小柄な方にもぴったりの巻き方。

キュッと
巻いてから、
タランと垂らす

フワッとしていながらもスッキリとした「バランスのよいハンサム美人」に見える。

体型を選ばず、どのようなシチュエーションに合う。

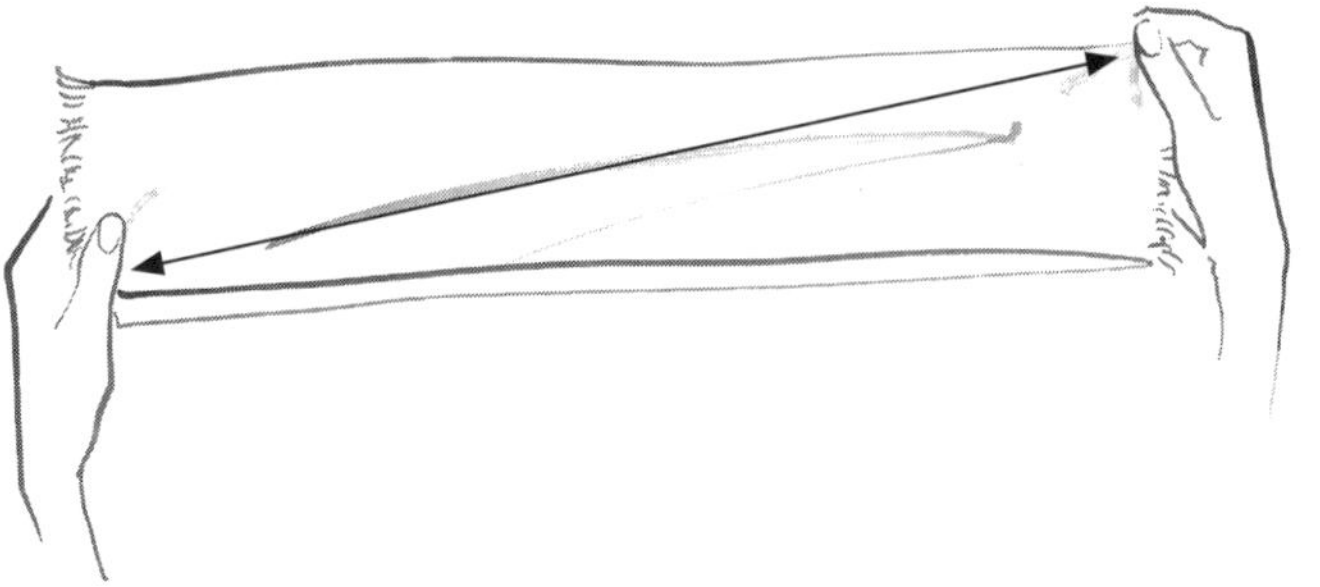

対角線を底辺にして二つ折りの三角をつくると、とんがった角ができる

長いストールの場合は、上のように対角線の端と端をつまんで首にひっかけると、先端のシルエットがシャープな印象になります。

この折り方をしないでそのまま首にかけてしまうと、お風呂あがりにタオルをかけているかのように見えてしまいます。

また、ある程度の重さのある大判ストールは、ギリギリ肩にひっかかっている感じが味になります。落ちてくるのを直したり、ずれないように押さえたりするしぐさも、かっこよく見えます。ただし、ひっきりなしに、直していると自意識過剰に見えるので、途中で巻き方を変えるのもよいでしょう。

ハンサム美人な巻き方

お風呂上がりのような巻き方

Handsome Rule 7

ハンサム美人は、ボタンでキメて、シャツを着る

シンプルだからこそ光る白シャツの「ハンサム・オープン」

ハンサム美人な服といえば、なんといっても「白シャツ」です。

白シャツを、ボタンのあけ具合で、雰囲気を変えて着こなせると、ハンサム美人に見せることができます。

なぜ白シャツを着るとハンサムかというと、「服の力」に頼っていないからです。
白シャツはデニムと同じように、男女の区別のないファッションアイテムです。
それでいて、シンプルでゴージャス、高貴な雰囲気があります。
それゆえ、自分の体型や個性などをふまえた「少しの着こなしの違い」が目立ちます。目立つからこそ、雰囲気づくりに力が入るというものです。

では、体型の個性に合わせたハンサム美人な白シャツの着こなしについてお話しします。

ガッチリタイプは「横開き」で着こなす

体型がガッチリしている人は、襟元をワイドに広げると、胸から首への導線がダイナミックに見えて、頭を左右にカタムケたときに、Vゾーンが横に広がり、ワイルドなハンサム美人に見えます。

スリムな人は「縦詰め」で着こなす

体型がスリムな人は、ボタンを上までとめると、動きが制約されて、胸と白シャツがカチッとカサナリ、凜としたハンサム美人に見えます。

ふくよかな人は「縦ひろげ」で着こなす

ふくよかな体型の人は、ピッタリサイズの白シャツを着て、ボタンは2つぐらいあけ、後ろの襟を立てます。すると、Vゾーンは鋭角に深くなり、顔を細長く見せてくれます。具体的には、襟を立てたり、直したりするしぐさをすれば、アクティブで頼もしく見えます。

シャツによっては、最初から胸のひらきを計算して、第一ボタンが下のほうについているものもありますから、色々とボタンのとめかたを試してみると、楽しくなります。

シャツの素材や色味で雰囲気が変わる

自分らしいハンサム美人に見える白シャツが手に入れば、あらゆるシーンで活用できますから、時間をかけて自分に合うものを探してみましょう。

どのようなハンサム美人になりたいかで、生地の特徴（ファブリック）を合わせるのも大切です。

素材や色味によって、大きく雰囲気に違いが出るのが、白シャツの楽しみだからです。

コットンなら「シャキッ」とさっぱり。

シルクなら「ツルッ」と上品。

「ピタッ」とフィットさせて「隙を見せない」なら、ストレッチのきいた合成繊維が入ったもの。

色の微妙な加減にもこだわりましょう。

やわらかい面立ちの人は、生成り。

凹凸がはっきりしている顔立ちの人は、光沢のある白が基本です。

シャツのサイズは、スーツなどのインナーとして着るならピッタリサイズがよいですが、アウターとして着るなら、多少オーバーサイズにします。

ピッチピチだと、頑張っている感じがして、ハンサムではないからです。

Handsome Rule 8

帽子の影から、ハンサム美人が生まれる

帽子のブリムで調整する「ハンサム・レベル」

帽子の「ブリム（つば）」で、角度をつけると、ミステリアスでハンサム美人に見えます。

原則として、男性は室内においては帽子を取るのが礼儀ですが、女性はその必要はありません。女性の帽子は髪につけるアクセサリーとしてみなされるからです。

帽子の種類は、よく目にするものだけでも40種類くらいありますが、ハンサム美人なポイントにしぼって考える場合、「ブリムの広さ」が重要です。

日差しを避ける実用性よりも、いかに顔に影をつくるかという装飾的な要素として考えてみると、年齢に比例してそのブリムの広さは大きくしていくと考えればよいでしょう。ベレー帽から女優帽になっていくように……。

同じ帽子でも、かぶる角度によってブリムがつくる影が変わり、顔のフォルムも変わって見えるので、「ハンサムレベル」を調整することができます。

まっすぐかぶり、ブリムをカタムケないと「キリッとまじめ」

帽子の天井（トップクラウン）の真ん中に窪み（センタークリース）がついていて、ブリムがダウンしたハット帽などは、センターを鼻のラインに合わせ、目深《まぶか》にかぶり、ブリムがカタムかないように水平にすると、「クールなハンサム」に。

深くかぶり、ブリムを前にカタムケると「影があってセクシー」

つば広の帽子に合うかぶりかたです。ブリムを斜めにカタムケて、目の表情を隠すと、寂しげで「ミステリアスなハンサム」に。先ほどのようにまっすぐかぶるのが「刑事」なら、こちらはその刑事に追われる「謎の女」といったところ。

『ハンムラビ法典』
(ルーブル美術館)

ところで、帽子はいったい、いつからかぶるようになったのでしょう。

紀元前18世紀にバビロンの王によって建てられた最も古い法令集とされる「ハンムラビ法典」の石碑には、帽子をかぶった王が、神の象徴である角の生えた帽子をかぶった太陽神から、王権の象徴である「権杖」と「腕輪」(測定の秤り竿と縄という説もあり)を受け取っています。帽子が特別な人のためのものであることは、間違いなそうです。

Handsome Rule 9

ハンサム美人は、完全にフィットしてレザーを着る

レザージャケットは窮屈に「ワイルドハンサム」

レザージャケットをピチピチに着て、窮屈そうに体をカタムケていると、ハンサム美人に見えます。

レザージャケットの魅力は野性的なことです。

革はラムやシープなどのやわらかい素材もありますが、なめす技術もなかった時代においては、革をなんとか体にはりつけるようにして、寒さをしのぐために身につけていたはずです。

今ではワンピースのようなフェミニンな服と合わせるのが、コーディネートのコツのようになっていますが、**実は無理に着ている感じがどこか残っているほうが、魅力的です。**

ガンコそうな革に守られている風情を出すと、ハンサム美人に見えます。

たとえばカフェなどの室内であっても、レザージャケットを着たままパソコンで仕事をしたり、資料などを読んだりすると、雰囲気が出ます。肘を曲げるたびにギュッとシワがより、その形状が、そのまま体型に馴染み、味になっていきます。

あえてピチピチにフィットさせて
着るのがハンサム美人流

Handsome Rule 10

ハンサム美人は、「線」の効果を知りつくしている

ボーダーは「鎖骨見せ」ストライプは「ウエスト切り」

前項のレザージャケットでは、服の「質感」からハンサム美人な着こなしを考えました。では「柄（パターン）」から考えると、どうなるでしょう？

柄には、花柄や水玉、幾何学、アニマル柄などがありますが、やはりハンサム美人に似合う柄といえば、「線」です。

線は、ある一点と、別の一点を結んだもので「ものを分ける」性質があります。それで、線のある服を着ると「きっぱり」「すっきり」した印象になります。

横線の「ボーダー」は、水平、公平、フラット、縦線の「ストライプ」は、垂直、分断、シャープな印象になります。縦線に比べ、横線はやわらかい印象です。

さて、前置きが長くなりました。

「ボーダーシャツ」は、フランス海軍発祥です。海に落ちたときに、見つけやすい

鎖骨の存在を意識して
ボーイッシュ×女性らしさで
着こなす

ということでネイビーブルーに白い線の入った柄が誕生しました。その後、漁師や船乗りの仕事着になり、ファッションアイテムの仲間入りをしました。シャネルが女性用として取り入れたのは、あまりにも有名です。

このボーダーシャツを着て、首をカタムケルと、首の筋がはっきり出て、ハンサム美人に見えます。

横に広く襟のあいたもの（ボートネック）を選び、デコルテの鎖骨を強調しましょう。片方の肩を前に出すように肘をつくと鎖骨が浮き出ます。「鎖骨はやせないと出ない」と思っている人が多いのですが、アゴより前に肩を出せば、誰でも浮き出ます。

たとえば、右肩を前に出して、右肘を立て、スマホを見るしぐさをすると、耳の後ろから鎖骨につながる筋（胸鎖乳突筋）が、縦に、ビーンと強く浮きあがります。すると、痩せて見えるだけでなく、一瞬、海の中に、マストがキリッと立っている雰囲気が出て、ハンサムです。

ちなみに、太い線のボーダーシャツを着ると、ラグビー選手のようにガッチリと、重たく見えてしまい、ハンサムではありません。

ストライプはウエストで分断して着こなす

さて縦線のストライプの着こなし方です。ストライプは、ボトムスに使うと脚が長く見えてハンサムです。ストライプのシャツも、キリッと見えます。

ボトムスもシャツも、ともに体をヒネルとクシャッとして線が波打ち、アクティブな雰囲気をつくりだせますが、トップスにストライプのシャツを着る場合は、パンツでもスカートでも、ハイウエストのボトムスと合わせましょう。シャツのストライプ線を短めに分断して、上半身を短く、脚を長く見せるとすっきりと着こなせます。

また、ストライプの太い線は「積極性」を意味しますが、あまり太くしてしまうと、ボーダーと同じく、男らしくなりすぎるので、注意しましょう。

トップスにストライプを持ってくる場合には
ウエストで分断する

ストライプをボトムスに持ってくると
足長効果がある

Handsome Rule 11

ハンサムな人の魅惑の「履きしぐさ」

ハンサム美人は、足元もかっこいい

靴のタイプに合わせた履き方を知っていると、ハンサム美人に見えます。

足元は、自分の目から最も遠く、しかし、他人にとっては、とても目立つところです。歩いているときも、足を休めるときにも、ハンサム美人に見えるようにしたいものです。

いずれも、靴のソールの形状に合わせてハンサムシーンをつくります。ソールは、

①ハイヒール
②スニーカーやひも靴
③ローファー、バレエシューズ、サンダルなど

の3つが主です。

具体的に説明していきます。

ソールを少しチラ見せするなど
軽い印象の足元に

①ハイヒール（パンプス、オープントゥ、ピープトゥ、ブーツ）

ハイヒールは、甲の出る「不安定さ」が魅力です。本来、長時間、立ちっぱなしだったり、歩いたりするための靴ではありません。

リラックスして座っているときは、足をカタムケて横に流し、**足を軽そうに見せるのがポイント**です。ヒールだけ床面に着けてほんの少しトゥを浮かせたり、脚を組んで宙に浮かせるのも合います。もちろん、脚を組んでよい状況か否かはマナーありきですが、このしぐさをすると、先の細さが目立って脚が長く見えます。

かかとからアキレス腱に向かって筋が出るのが、ハイヒールを履いたしぐさの魅力です。

ソールの裏側に色がついているハイヒールは、カタムケル角度を調整して、メーカーやデザイナーの遊び心に応えたいものです。ヒールと靴の底が真紅に塗られているブランド（クリスチャン・ルブタン）もあるほどです。

ハイヒールを履いたら、歩き方に注意する

ハイヒールを履いたときは、脚のラインが目立ちます。

脚の隙間を空けないように、左右それぞれの足のかかとと親指が、一本のライン上を踏むように歩きます。ヒールの高さにもよりますが、つま先から着地しようとすると、かかとが同時に着きます。

ハイヒールを履いて、かかとから着地するのを意識しすぎると、膝が曲がる癖がつくので注意してください。

O脚気味の人は、膝の内側を軽く擦るイメージで歩けば、スマートな印象に変えることができます。

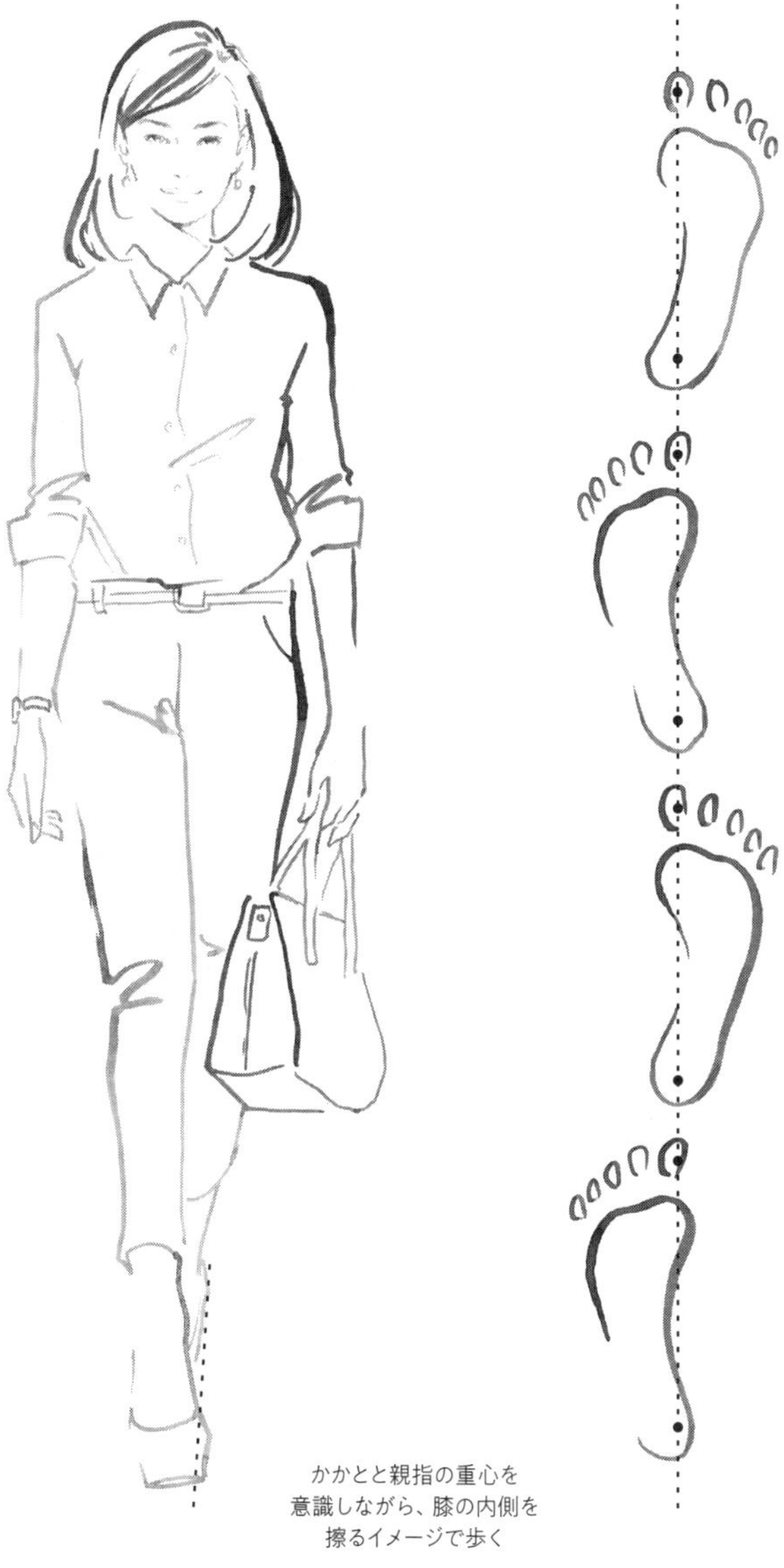

かかとと親指の重心を
意識しながら、膝の内側を
擦るイメージで歩く

②スニーカーやひも靴

これらの靴は靴底が安定しているので、立っているときは、片足に重心を置き、もう一方の脚をクロスさせカサネルと、カジュアル感に品がプラスされて、ハンサムです。

本来スポーティーなスニーカーは、しゃがんで、足をいい加減に投げ出したときに、雰囲気が出ます。そこにカサネルしぐさを入れることで、リラックスしていながらも、キリッと感が出ます。

スニーカーは、膝を曲げて雑に足を着いても、ソールが全面で力を拾ってくれるので、ずるずる引きずるように歩きがちです。

歩幅を広く、歩調も速めに歩くと、さわやかで軽く見えます。

また、ひものある靴は、結んだひもが長く余っていると、歩くときにプラプラ揺れて子どもっぽく見えてしまいます。短めにキリッと結ぶと、カジュアルな中にもりりしさが出ます。

足を引きずらず、
歩幅を広くとって
グングン歩くとハンサム美人に

③ローファー、バレエシューズ、サンダルなど

これらの靴は、家にいるようなリラックス感が出るとハンサムです。立っているときや座っているときは、足首で左右の足を軽くカサネルと、膝の間があかず、品を保ちながら、カジュアル感が出ます。

力が入っていない感じを
出すことがコツ

ただし、全体が甘いテイストの服装で、このタイプの靴を履き、右のしぐさをすると、だらしなく見えます。前項に登場したレザージャケットなどを合わせてバランスをとるとハンサムです。

歩き方は、ペタペタしていてもよいのですが、引きずらないようにしましょう。

また、低いかかとの付いたローファーなどは、履いたときに、「コン、コン」という音がしたらサイズはＯＫ。カタカタという音がしたら、サイズが合っていないのかもしれません。

ハンサム美人はシーンに合わせて靴を選ぶ

一人のオフタイムは、真新しい白のスニーカー。

仕事に行く、友人と会う、あるいはデートのときは、質のよいローファー。

大切な会議やプレゼン、とっておきのデートは、ハイヒール。

このような履き分けをするのも楽しそうです。

なかでも、ハイヒールはほかの靴と比べて、上手に履きこなすことができれば、ハンサム美人な雰囲気を一気につくりだすことができます。

実際に、雑誌のモデルのポーズを見ても、ハイヒールを履いているハンサム美人なしぐさが、かなりの頻度で見受けられます。

ハイヒールは、安全面を考慮しても、履くことができる年齢が、ある程度限定されます。

つまり、大人の女性しか履きこなせない靴なのです。

高い細いヒールは鋭さを感じさせ、緊張感が漂います。

ハイヒールの形、靴音、登場するシーンなどのすべての要素が合わさることで、何かドラマが始まりそうな予感を抱かせるのです。

LESSON 4

ハンサム美人なモノの魅せ方

HKKの法則に則ってモノを扱う

ハンサム美人は、身近なモノを小道具として使いこなす

ところで、自分が手にするモノ、身の回りのモノについて、日頃、どのような意識をお持ちでしょうか。

私たちは、どのようなモノを身につけているか、持っているかによって、印象に大きな違いが出ます。

たとえば、グリム童話の『赤ずきんちゃん』を思い出してみてください。赤ずきんちゃんは、文字通り赤い頭巾をかぶった女の子です。しかし、たまたま赤い頭巾をかぶっているわけではありません。女の子は、自分の象徴である髪をきっちりとまとめるために、熟れた色である赤い頭巾をかぶっています。この色味は、女性らしさを表す色であり、もし赤ではなく青い頭巾だったら、そもそもオオカミに目をつけられなかったかもしれません。つまり、モノは、私たちのシンボルとなり、何らかのメッセージ性をもつパーソナリティとなっています。ここで赤い頭巾は、少女と一体化し、パーソナリティとなっています。

セージとして受け取られることもあるのです。

モノから動きが連想されることも、よくあります。

初めて訪問した営業先で、質のよい万年筆で本革の手帳にメモをとるのと、何かのノベルティでもらったボールペンで資料の端に走り書きをするのとでは、どちらができる女性に見えるでしょうか。

たとえば、営業先の人は、その万年筆から「丁寧で穏やかな人のようだな」「きっとモノの手入れをきちんとする人なのだろう」などと推測するかもしれません。つまり、しぐさや態度は、「質のよい万年筆」や「本革の手帳」というモノに帰属(attribution)しているわけです。

このレッスンでは、どのような傾向のモノを使うと、ハンサム美人に見えるのか、お伝えしていきます

そのモノの性質や背景によって、取り入れ方も異なりますから、ご注意ください。コツさえつかめれば、自然とハンサム美人に見えるはずです。

最初に、モノを使ってハンサム美人に見せる代表的な例を紹介しましょう。

モノを使うハンサム美人なしぐさは、次のように、それぞれのモノに携わる形で、HKKの法則を取り入れていきます。

①ヒネル傾向……若々しく明るいハンサム美人に見える。「目立つモノ」は、キビキビとした印象に

②カサネル傾向……落ち着きがあり、自信のあるハンサム美人に見える。「輝くモノ」は、顔の近くに

③カタムケル傾向……クールでかっこよく見える。「長いモノ」には角度をつけ、「大きいモノ」には身を任せる

たとえば、次のページの絵は、会社帰りにヨガのクラスに参加するために、少し急ぎ足でオフィスを出る女性です。

目立つ「ロングネックレス」を胸からさげています。体がヒネラれると、胸の前ではずんで揺れて、その人を活き活きと見せてくれます。腕につけた「シルバーのバングル」を顔の近くにカサネルと、印象が強くなり、はっきりして見えます。長いヨガマットの入ったケースを行く先の方向にカタムケルと、キリッとしたハンサム美人に見えます。

こんなふうに、あるモノによって、ハンサムにも見えることもあれば、逆にハンサムに見えないこともあるのです。

モノを使って「ハンサム美人」に見せるしぐさ

Handsome Rule 1

ハンサム美人は、きらめきをカサネて、インパクトを残す

シルバーアイテムで「相手を照らすハイシャイン」

ぜひ使いこなしてみてほしいのが、シルバーのアクセサリー類です。

シルバーのものを肌にカサネていると、クールに見えます。

身につける場所は、手首や指の太さ、長さなどの体の大きさによりますが、たとえば、太めのシルバーのブレスレット（ワイドバングルなどを含む）や大きめの指輪を身につけて、自分の体にカサネルように手をおくと、ハンサム美人です。

とくに黒い服と相性がよく、一歩控え目なようでいて、身につける人自身を鋭く輝かせます。

シルバーアイテムといっても、材質は銀や錫、人工の石などさまざまですが、ここでは、「銀色に輝くもの」として話を進めます。

シルバーとは、冷静さをイメージさせる色です。それだけでなく、銀食器を見て

シルバーをカサネテ
少しシャランとさせると
ハンサムに

わかるように、自らは無色で鏡面となり、相手を輝かせることもあります。またシルバーのメタリックでハイシャインな世界は、宇宙への尽きない挑戦、未来への長い冒険をイメージさせます。

手首とシルバーアイテムの相性がよいのは、手首は関節が細く、女性らしい部位だからです。**シルバーをカサネルことで、その手首の細さ=女性らしさを隠すことになり、かえってハンサム美人に見えてしまうのです。**

カジュアルな場面でしたら、自分の顔の近くにシルバーアイテムをつけた手首をカサネテ、あえて手首のあたりを動かしながらしゃべると、ハンサムな雰囲気が出ます。

リング状のタイプのブレスレットが自分には大きすぎる、太すぎると感じるようでしたら、幅がありつつも、鎖状になっているものを選ぶとよいでしょう。

また、これは時計のお話になりますが、シルバーのブレスレットでフェイスサイズが大きめの時計は、男性とのビジネスシーンに合います。

相手と同等のものを身につけることで、いわゆる「ナメラレない」雰囲気がつくれるからです。

指輪は、小指や薬指ではなく、あえていろいろな指にずらしてつけると、クリエイティブなハンサム美人に見えます。

人差し指にはめる「インデックスリング」は、活力や自立心がアップするといわれています。

また、中指にはめるリングは、「ミドルフィンガーリング」と呼ばれ、直感やひらめきを助けるといわれています。

このように、シルバーを体の前面にカサネルだけで、守りも攻めの雰囲気もコントロールできるハンサム美人になることができるのです。

ただし、仕事によっては、「絶対にノーアクセサリー」ということもあります。

職種や会う人の考え方も考慮しましょう。

Handsome Rule 2

尊敬されるハンサム美人は、細くて長いものを使いこなす

自分を際立たせる「ロング・ハンサム」

細く長いモノを身につけるとハンサム美人に見えます。

細いものは、「鋭さ」や「スピード感」があり、長いものは、「優雅な力の延長」を感じさせるからです。

Lesson2のＰ１５３で、対象からスペースをとったほうが優雅に見えるとお伝えしましたね。これと同じで、長いものを持っていると、短いものを持っているときよりも視線の滞在時間が長くなるので、印象に残りやすくなります。

たとえば、契約書の内容を、双方で確認するときに、ペンを使い、文字を追って示していきます。プレゼンのときは、手で示すことができる距離でも、スクリーンに映し出された内容を指し棒を使って示すほうが、鋭さが増します。

長いものでシャープさを
演出する

なぜ、細長いものを持つとハンサムに見えるのかといえば、フォルムがシャープだからというだけではありません。

目立つことで、ごまかしが利かなくなるからです。

つまり、長いものを持ったり、あるいは長く見えるように持ったりすると、自分を律し、心の持ち方をもハンサムでいられるのです。

長いものは古くから、優れたもの、権力の象徴として登場します。ギリシャ神話の神ゼウスは錫杖、ポセイドンは銛《もり》を手にしていますし、イギリス君主の像も、王笏を持っています。

特別に長いものを持たなくても、ふだん手にするもので、持ち方を工夫してハンサム美人に見せることもできます。

たとえば、毎日使う歯ブラシや櫛の柄を長く持つ。

箸も三等分して、太いほうから三分の一のあたりに親指の先がくるように持つと先の細長さが強調され、食べる姿がエレガントでハンサムに見えます。

ペンも、細長いペンを使っていると、スラスラ書いているように見えます。ちなみに、同じ長さのペンでも、ポケットなどに挿すクリップの部分が細長いものは、太いものよりも全体が細長く見えます。

長い銛を持つ
ポセイドンの彫像

王笏を持つ
ヴィクトリア女王の彫像

Handsome Rule 3

責任感のあるハンサム美人は、アイデンティティを首からさげる

自信のある自分を演出する「ハンサムクラブの会員証」

自分を象徴するモノを首からさげて胸にカサネルと、自信があり、自立しているハンサム美人に見えます。

首からさげるものは、ＩＤ（＝アイデンティティ・カード、身分証明書）のように、自分自身や自分の仕事を証明するものです。

たとえば、わかりやすいところでいうと、医師なら聴診器、フォトグラファーならカメラ、審判ならホイッスルなどです。彼らは、自分の仕事と役割を明かすものをぶらさげていることで、どこか胸を張っているように見えませんか？「当たり前にそこにある」というしぐさは、熟練し、プロっぽく見えるものです。

取り入れやすいかたちとしては、オフィスの入退室のためのＩＤカードや名刺入れなどを、首からさげることです。

体をどこかの方向にカタムケたとき、意図するまでもなく、これらは胸のあたりで揺れます。その動きは、自分を明示しているからこそ、ハンサムに見えます。

何かのプロのように見えると、
かっこいい

ココ・シャネルの
トレードマークだった
何重にもカサネられた
パールネックレス

ネックレスでしぐさをつくる

仕事柄、IDカードは必要ないという方は、自分らしいと思われるロングネックレスをつけても、ハンサム美人に見せることができます。

ネックレスの起源は、実はワイルドです。狩猟した動物の牙や骨の数を見せるために首からさげたのが、そのはじまりです。つまり、自分の能力を胸の前で証明するためのものだったのでした。その後、動物への供養と感謝、次の収穫への願いといった意味も持つようになりました。

コスチューム・ジュエリーという新分野をつくったココ・シャネルも、自身は首から7連のパールのロングネックレス

トップの位置で違いが出る

をさげていました。

ネックレスは、たらす長さによって、体をカタムケたときに、揺れる幅が変わります。素材はさまざまですが、共通していえるのは、重そうなものは、鎖で首をつながれているように見えて、ハンサムではありません。

では、ハンサム美人なネックレスのルールです。ペンタントトップがついているネックレスは、トップの位置を自分の顔のサイズに合わせ、バランスのよい位置に来るようにします。

顔の近くであまりに目立つものがあると、アクセサリーの宣伝のようになってしまいます。基本は、顔から離れるほど、ペンダントトップは大きくなっていきます。

ハンサム美人なポジション

ストンとカサネル「エレガント・ポジション」

アクティブな印象に

生え際からアゴまで長さの約1.5倍の長さのネックレス丈。体が前傾したときに、自分の前にネックレスやペンダントトップが垂れるので、アクティブで特別な印象に。

タランとカサネル「シンボル・ポジション」

遊び感覚のある印象に

生え際からアゴまでの長さの2倍、あるいはそれ以上の長さのネックレス丈。素材はプラスチックなどの軽いものがおすすめ。体をヒネルと、ネックレスがジャラッとついてくるので、遊び感覚があり、ファッショナブルな雰囲気に。

ピタッとカサネル「フォーマル・ポジション」

気高い印象に

頬骨からアゴまでの長さとおなじ長さのネックレス丈。動作にかかわらず、体にピタッとくっついているので、ブレず、安定感が出る。幅の太いチョーカーなどをすると、首が固定され、気高い貴族のような印象に。

サラッとカサネル「スタンダード・ポジション」

バランス感のよいハンサム美人に

髪の生え際からアゴまでと同じ長さのネックレス丈。カジュアルからオフィシャルまで万能。自分の顔の長さとマッチしているとよい。会話をするときに、さりげなくネックレスに触れると雰囲気が出る。

Handsome Rule 4

積極的なハンサム美人は、大きな夢を持つ

ハンサム美人な生き方 "Think Big"

大きな「乗り物」に身をまかせるように体をカタムケルとハンサム美人に見えます。大きな乗り物とは、車や大型バイク、自転車、馬、サーフボードなどです。

大きな乗り物は、私たちを遠い未来まで運んでくれる象徴です。

女性が大きな乗り物を操縦するからこそ、優雅な動きになり、ハンサムに見えます。

また、アニメのガンダムでは、人がコックピットで操縦し、ガンダムの力を借りて自身の力も大きくさせます。これと同様に、大きな乗り物を背景にすることは、パワフルな印象をつくりだしてくれます。

とはいえ、大きな乗り物に、実際に乗ったり、運転をしたりしなくても、イメージの力を借りることはできます。

たとえば、停まっている特急列車のほうに、体をカタムケた写真は、スピーディー

大きなサーフボードは
ハンサム美人アイテム

な印象になりますから、ＳＮＳなどにアップすれば、行動範囲の広いハンサムな人に見えます。大きな乗り物が「背景（grand）」になり、あなたの姿（figure）」がはっきりすることで、アクティブな印象になります。

ときには「野心」を出す

このハンサム美人なしぐさを、私は"Think Big"と名付けました。つまり、「野心的に考える」という意味です。「大きなことを考える」のは、"Think big thought"です。

大きいとは、スペースを所有することですが、私たちは、誰もいないところで、広いスペースを確保しても贅沢な気分を感じることはできません。

人がたくさんいるなかで、自分のスペースを確保したい、獲得したいのです。

ときには野心を奮い立たせ、大きなことに挑戦する。

夢を叶えるために道を進み、悩む姿も、外から見れば、ハンサム美人に違いありません。

BONUS LESSON

ハンサム美人は、恋をするときもかっこいい

HKKの法則ですっきりと相手の心をつかむ

ハンサム美人は、ハンサムな関係をつくる

この本の最後に、ハンサム美人らしくパートナーと恋愛を深めるなかで、振る舞うべきしぐさについてお伝えしていきます。

ここでいうパートナーとは、性別、年齢、国籍問わず、夫婦を含め、愛情を分かち合う人、分かち合いたい人のことです。

ハンサム美人は、どんな瞬間であっても、圧倒的にかっこよく、媚びず、凛としている……。それは恋愛関係においても変わりません。

むしろハンサム美人は、男性に媚びさせる、惚れられる存在と言っていいでしょう。

パートナーとほどよい距離をとり、つねに新鮮な関係を保ちつつも、ときに積極的で、情熱的な面が垣間見える……。つまり、必要以上にベタベタせず、相手に依存せず、自分の時間を大切にする人に見えるけれど、ギャップも感じさせるしぐさこそ、恋愛におけるハンサム美人なしぐさといえます。

キリッとしているけれど、フンワリ。

サッパリしているのに、しっとりしている。

そんなギャップを感じさせるハンサム美人な恋愛のしぐさは、おなじみHKKの法則に則って、次のように考えます。

①ヒネルしぐさ……「距離感の調整」束縛しない関係ができる
相手から体をヒネッた状態で、見る、見られる角度が変わり飽きない関係が続く

②カサネルしぐさ……「親密度の調整」親近感を抱き、信頼関係が強まる
相手とカサナッテいる接触面積や会う回数で温度差がなくなる

③カタムケルしぐさ……「力関係の調整」頼る、頼られる関係ができる
相手のほうに重心をカタムケル加減で協調できる

2
ヒネル
互いに居心地よく
自由にいられるように、
相手から体をヒネッて座る
3
カタムケル
たがいの背中にカタムケル重みで、
ささえあっている心地よさ
1
カサネル
背中をフワっとカサネルと、
つながっている安心感が出る

上は、そんな特性を理解した、ハンサム美人な恋愛のしぐさの例です。

このようなしぐさは、二人が、互いに自分の考えを持ち、自分の領域での解釈を持っているように見せてくれます。

つまり、ハンサムで大人な関係の雰囲気をつくりだすことができます。

Handsome Rule 1

ハンサム美人は、親愛関係を肩でアピールする

強くBUTパラレル「ガシッとショルダー」

相手の肩に手や腕をまわすと親密度が深まります。

ハンサム美人の特徴のひとつは、性差や年齢差で分け隔てをしないで、相手と付き合える人柄です。

そんな間柄を提案できるのが、相手の真横に並んで肩を組むしぐさです。

この「ガシッとショルダー」は、ガッシリ肩を組みますが、顔を突き合わさないで、並行（パラレル）に並ぶというギャップが、さわやかな付き合いをしている雰囲気をつくりだしてくれます。姉さん風に、男性を弟分として扱うようなイメージで、肩を組みましょう。

肩を組むのは、男同士の若い、仲の良いグループ内の挨拶で、同じサインを交換するのに使うことがあります。腕をクロスしたり、拳骨をつき合わせたりして挨拶

セルジュ・ゲンズブールとジェーン・バーキン

をすることで、「仲間」であることを確認し合います。

女性から、男性の肩に手を回して肩を組むのは、大胆かもしれませんが、どこかユーモラスなしぐさともいえます。


この女性から肩を組むしぐさが、絵になっていたカップルがいます。フランスの歌手であり、音楽プロデューサーのセルジュ・ゲンズブールと女優のジェーン・バーキンは、結婚こそしませんでしたが、家庭は円満で、ともにアーティスティックなアルバムをつくるなど、尊敬し合っていました。

二人は写真におさまるときは、ジェーンのほうから、セルジュの肩に手を回していることが多く、「気難しいこの人の理解者は私だけ」といった雰囲気が、ハンサムな関係に見えるのです。

自然に手をカサネル「サラッとショルダー」

ふとしたときに、相手の肩にサラッと手をカサネルのも、ハンサムな関係に見えます。かっこいいだけでなく、相手に対する気遣いも、さりげなく伝えることができます。

たとえばデートでカフェにいるとします。

あなたがトイレに行って帰ってきたとき。相手の後ろから戻ってくるようなルートをとり、相手の肩にポンッと軽く手をカサネル、あるいは軽くなぜるように手をカサネテ、自分の席に戻ります。

「またせてごめんね」と口にするより、ずっとハンサムです。

Handsome Rule 2

少しBUTしっかりカサネル「ワンフィンガータッチ」

ハンサム美人は、ベタベタしないけれど、つながる

指を相手のどこかに、わずかにカサネルと、ほどよい緊張感が出つつも、ひそかに仲が深まります。

名づけて、「ワンフィンガータッチ」。

ハンサム美人は、クールで澄ましていると思われがちですが、相手と深く親密になるのが上手です。恋愛中だけでなく、親愛の気持ちを相手に伝える愛情表現は、惜しみません。

とはいえ、人前でベタベタするのが苦手です。

そのため、人目につかないように、当人同士だけで楽しむのが得意です。クールな関係に見えるのに、こっそり親密になっているのです。

そんなハンサム美人な雰囲気をつくりだすには、この「ワンフィンガータッチ」を使いこなしましょう。それぞれのシーンごとに例を挙げていきます。

髪の乱れを「ワンフィンガー修正」

パートナーの髪が、何かの拍子に乱れたときなど、ほんの一瞬、サッと指一本で直してみましょう。

自分の髪に触れられた瞬間、相手の気持ちに変化が起こります。

髪は自分自身でありながら、自分からは見えない気になる部分です。自分の髪に触れられることで、「この人は、私のことを、自分自身と同じように大切に思ってくれている」と感じます。

たとえば、もし、大切に思う人とメガネ屋さんに行ったら、色々なメガネをかけて試した後に、髪を直してみてあげてください。

軽くつながる「ワンフィンガーデート」

パートナーと一緒に歩くときや座るとき、指一本で軽くつながったり、手の甲を軽くカサネたりしてみましょう。

手をしっかり握るのは、安心感はありますが、互いの動きを制約してしまいます。

つかずはなれずのワンフィンガータッチ

歩いていて、向こうから人が来たときに、どちらから手を離してよいかわからずもたついて、通行の邪魔になったりします。

けれども、軽く手を触れていれば、ごく自然に外すことができます。からめた指は、とぎれたり、でもまたつながったり、手の甲は、触れたり、離れたりと、そんな揺らぎが心地よいのです。

つまり、ハンサムなつきあいは、束縛しない、相手からすぐ離れられるスタンスで触れ合っています。

ワンフィンガータッチは、さまざまなシチュエーションで使うことができます。

オバマ前大統領と妻のミシェル

たとえば、カフェなどで、互いに別々のことをしているけれど、よく見ると、足の先だけ、相手の靴につけていたり。（これは指ではないものの、ワンフィンガーと同じ効果があります）

あるいは何かを一緒に観戦していて、互いの存在はないもの、意識していないいように見えるけれど、ちょっとつまんでいたりすると、「心憎いな」と思ってしまいます。

実際にこのしぐさは、アメリカのオバマ前大統領と妻のミシェルさんがよくされていました。そんなさりげないしぐさが似合う二人であることは、記憶に新しいでしょう。

二人の出会いは、一緒に働いていた

法律事務所です。デートに誘われるたびに、ミシェルさんは断り、オバマ大統領は、やっとの思いでデートの約束を取り付けたとか。

オバマ夫妻の仲のよい恋人同士のような雰囲気は、たびたびメディアで取り上げられていました。

それは、ミシェルさんの、こんな繊細かつ大胆に気持ちを表すしぐさのせいだったのかもしれません。

Photo credit

Cover by Getty images
P26,27,45,54,55,67,76上,84,121,127上,144,152,163,205,219,241,242,247,252,253,255,260,266 by shutterstock
P40,48,76下,85,123,127下,131上,133,201,250,262,267 by amana images
P76上 by PIXTA

最後までお読みくださり、ありがとうございました。

言葉は生き物です。

時代と共に古くなり、使われなくなってしまうものもあります。しかし、「ハンサム」という言葉の発祥は古く、16世紀から使われてきました。時代に左右されることなく、ハンサムなスタイルは理想として求められてきたようです。

"Handsome is as that handsome does."

といえば、「見目《みめ》よりこころ」と訳されます。

「ハンサムとは、ハンサムなことをすること」という意味ですが、まさにこの言葉のように、気高く、ハンサムな心を目指したくなりませんか?

この本がみなさまにとって、その具体的なヒントになっていれば、たいへん嬉しく思います。

本書を書くにあたっては、今まで、出会ったさまざまな職業の方から、ハンサムな立ち居ふるまいとその理由を教えていただきました。みなさまに深く感謝しています。

書きながら、思い出したことがあります。ハンサム美人として完成されている人の多くは、もともとハンサムであったわけではなかったということです。むしろ強い自我が磨かれることで、ハンサムになっていったのでした。ザラッとしたお米は研がれることで、キリッと透明に光り出し、火を通して炊きあがるとふっくらとやわらかくなる……そんなイメージです。

最後になりましたが、本書は、前書『美人な「しぐさ」』でも担当をしてくださった大山聡子様に、繊細で誠実に編集をしていただき、完成しました。心よりお礼申し上げます。イラストも、粟津泰成様がハンサム美人たちを、生き生きと描いてくださいました。また、スマートなデザインで本を仕上げてくださった坂川朱音様にお礼申し上げます。

この本を読んでくださったみなさまが、ハンサム美人なしぐさを実行されることで、より幸せな毎日を過ごされることを、切に願っております。

２０１８年　秋　中井信之

女も男もあこがれる ハンサム美人な「しぐさ」

発行日　2018年　10月20日　第1刷

Author　中井信之

Illustrator　粟津泰成
Book Designer　坂川朱音(krran)

Publication　株式会社ディスカヴァー・トゥエンティワン
〒102-0093　東京都千代田区平河町2-16-1 平河町森タワー11F
TEL　03-3237-8321(代表)
FAX　03-3237-8323
http://www.d21.co.jp

Publisher　干場弓子
Editor　大山聡子

Marketing Group
Staff　小田孝文　井筒浩　千葉潤子　飯田智樹　佐藤昌幸　谷口奈緒美
古矢薫　蛯原昇　安永智洋　鍋田匠伴　榊原僚　佐竹祐哉　廣内悠理
梅本翔太　田中姫菜　橋本莉奈　川島理　庄司知世　谷中卓
小木曽礼丈　越野志絵良　佐々木玲奈　高橋雛乃

Productive Group
Staff　藤田浩芳　千葉正幸　原典宏　林秀樹　三谷祐一　大竹朝子
堀部直人　林拓馬　塔下太朗　松石悠　木下智尋　渡辺基志

Digital Group
Staff　清水達也　松原史与志　中澤泰宏　西川なつか　伊東佑真　牧野類
倉田華　伊藤光太郎　高良彰子　佐藤淳基

Global & Public Relations Group
Staff　郭迪　田中亜紀　杉田彰子　奥田千晶　李瑋玲　連苑如

Operations & Accounting Group
Staff　山中麻吏　小関勝則　小田木もも　池田望　福永友紀

Assistant Staff　俵敬子　町田加奈子　丸山香織　井澤徳子　藤井多穂子　藤井かおり
葛目美枝子　伊藤香　鈴木洋子　石橋佐知子　伊藤由美　畑野衣見
井上竜之介　斎藤悠人　平井聡一郎　宮崎陽子

Proofreader　株式会社鷗来堂
DTP　有限会社マーリンクレイン
Printing　シナノ印刷株式会社

ISBN978-4-7993-2375-5